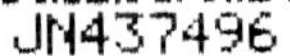

경전으로 배우는 한자

금강경 사경 및 해설 中

금강반야바라밀경. 금강반야경이라고도한다. 인도사위국을 배경으로 제자 수보리를 위하여 설한 경전으로, 한곳에 집착하여 마음을 내지말고 항상 머무르지 않는 마음을 일으키고, 모양으로 부처를 보지말고 진리로서 존경하며, 모든 모습은 모양이 없으며 이렇게 본다면 곧 진리인 여래를 보게 된다고 하였다.

정여 스님 편저

혜성출판사

사경 발원문

거룩하신 부처님께 발원합니다.
오늘 저는 거룩하신 부처님의 가르침을 온갖 정성으로 사경하오니 그 공덕으로
마음이 맑아지고 밝아져서 부처님의 위 없는 대지혜(大知慧)를 성취하게 하소서!

발원하오니 사경 공덕으로, 어리석은 마음으로 삼독심(三毒心)과 오욕락(五慾樂)으로
다겁생래에 지은 업장(業障)을 진심으로 참회하옵니다. 부처님과 보살님의
위신력으로 삼업(三業)이 맑고 청정(淸淨)해져서 하는 일마다 원만히 성취되고
선망부모님이 왕생극락하게 하옵소서!

바라옵건대 이 공덕으로 멀리 있거나 가까이 있거나 모든 사람 모든 생명에게
부처님의 자비 광명이 함께 하게 하소서!
그리고 우리 모두 성불하게 하소서!

나무석가모니불

대한불교 조계종 제14교구본사 범어사 주지 정여 합장

사경법회(寫經法會)

사경(寫經)이란 부처님의 가르침을 정성스럽게 베껴 쓰는 거룩한 행위를 말합니다.
여기서 經(경)이란 부처님께서 보리수나무 아래서 깨달음을 얻으시고 80세에 쿠시나가라 사라쌍수 아래서 열반에 드시기까지 49년간을 중생을 위하여 간절하게 설법하신 가르침입니다.
어리석은 중생이 깨달음을 얻기까지는 부처님의 가르침을 읽고 외우고 사경(寫經)함으로써 맑고 고요한 부처님 마음에 이르게 됩니다. 부처님의 말씀을 한자 한자 정성스럽게 쓰다 보면 부처님의 가르침을 보다 깊이 이해하게 되고 결국 깨달음에 이르게 되는 것입니다.
옛 스님들께서도 경전을 쓰기 위해서는 몸과 마음을 깨끗하게 하고 호흡을 가다듬고 바른 자세로 정성을 다하여 사경에 임했습니다.

사경의 공덕(功德)

사경(寫經)을 통해서 얻어지는 공덕(功德)은 이루 다 말할 수 없습니다. 중생의 어리석은 마음을 부처님 마음으로 돌아가게 할 것입니다.

첫째 - 안주의식(安住意識)

사경을 꾸준히 행하면 의식이 맑고 깨끗해지고 안정이 되어 무슨 일이든 차분하게 일하게 되고 행동이 얌전하게 됩니다.

둘째 - 행자경계(行慈境界)

우리의 생각과 행동에 자비심(慈悲心)이 많아집니다.
자비심(慈悲心)이 많아지게 되면 함부로 살생을 할 수 없게 되고, 남을 위하는 부처님 마음이 배어 나오게 됩니다.

셋째 - 무번뇌(無煩惱)

번뇌(煩惱)가 점점 없어지게 됩니다..
마음속에 늘 복잡함이 점점 평안해지고 생각이 고요해져서 일상생활에 안정을 얻게 됩니다. 번뇌(煩惱)는 우리의 마음에서 일어나는 망념(妄念)의 그림자입니다. 마음을 쉬게 하면 자연히 생각이 맑아지고, 번뇌는 없어지는데, 이를 무번뇌(無煩惱)라고 합니다.

넷째 - 수호제근(守護諸根)

우리 몸에는 여섯 가지 감각기관이 있습니다. 안(眼), 이(耳), 비(鼻), 설(舌), 신(身), 의(意) 이상 여섯 가지 기관을 잘 다스리지 않으면 욕망(慾望)으로 흘러가기가 쉽습니다. 사경을 꾸준히 행(行)하다 보면 감각을 제어하고 다스리고 지킬 수 있는 힘이 생기게 됩니다.

좋고 나쁜 것에 분별심(分別心)이 없어지고 이끌림을 당하지 않게 됩니다. 눈으로 좋은 것을 보아도 취하고자 하는 욕망이 조절되고, 귀로는 좋고 나쁜 소리에도 분별심이 없어서 이끌리지 않게 됩니다. 귀로는 소리를 들어도 소리에 끌려 다니지 않게 됩니다. 좋은 소리, 나쁜 소리에 마음이 상하고 미움이 일어나게 마련인데 마음이 깊어지니 소리에 흔들리지 않게 됩니다. 분별(分別)과 시비(是非)를 초월한다면 얼마나 마음이 편안해지겠습니까?

몸에서 일어나는 감각을 다스리고 조절하는 힘이 생기면, 자연히 마음이 편안해져서 흔들리지 않기 때문에 점점 부처님 마음으로 다가서게 되는 것입니다.

다섯째 - 무식희락(無食喜樂)

사경(寫經)을 꾸준히 행하다 보면 마음이 안정되고 고요해집니다. 그러면 음식을 먹지 않아도 마음이 기쁘고 즐겁습니다. 과식을 하면 포만감 때문에 수마(睡魔)가 밀려 듭니다. 그러면 정신이 혼미(昏迷)해져서 사경을 할 수가 없습니다. 담백한 음식을 소찬으로 먹어도 마음은 항상 극락세계인 것입니다.

여섯째 - 원리애욕(遠離愛慾)

남녀간에 육체적으로 사랑하고자 하는 음욕(淫慾)이 점점 사라져서 몸과 마음이 가을하늘처럼 맑고 깨끗하게 됩니다. 세상을 살아가면 욕망(慾望) 때문에 어려운 지경에 처하는 경우를 주변에서 봅니다.

산중(山中)에서 수도(修道)하며 조용히 살고 싶은 생각은 있어도 산중에 머물지 못하는 것은 애욕(愛慾)에 얽힌 것이라고 초심에 나와 있습니다. 욕망(慾望)을 버리기가 그리 쉬운 일은 아니지만 꾸준히 참선을 행하다 보면 몸과 마음이 가벼워지고, 욕망으로 이끌리는 마음이 점점 없어지고, 맑고 깨끗한 하늘처럼 마음이 맑고 순수하게 되는 것입니다.

일곱째 - 해탈견마(解脫羂魔)

갖가지 마구니의 경계가 없어지게 됩니다.

우리 생각 속에는 갖가지 장애(障碍)가 일어나고 있습니다. 여러 가지 욕망(慾望)과 욕심(慾心) 그리고 중도에 포기하고자 하는 나약한 마음이 일어나는 것이나, 정진을 방해(妨害)하는 갖가지 번뇌(煩惱)가 전부 마구니의 경계인 것입니다.

마음이 고요해지면 번뇌가 사리지고 마음은 점점 안정되어 주변 경계에 흔들리지 않습니다. 때문에 마경(魔境)에 침해를 받지 않고 마음이 점점 걸림없는 맑은 경계에 머물게 되는 것입니다.

여덟째 - 안색광명(顔色光明)

마음이 맑고 고요해지고 안정이 되면 환희심(歡喜心)이 나게 되고, 얼굴이 맑고 광명이 나게 됩니다.

아홉째 - 안주불경(安住佛境)

부처님처럼 번뇌(煩惱)가 없고 마구니를 항복받으면 일체가 고요한 열반(涅槃)의 경계에 편안히 안주(安住)합니다.

사경 방법

1. 먼저 몸과 마음을 맑고 청정하게 합니다.
2. 자세를 바르게 합니다.
3. 호흡을 깊고 고요하게 안정된 호흡을 합니다.
4. 향로에 향을 사르고 합니다.
5. 불자나 불상을 모신 앞에서 사경을 하면 더 효과적입니다.
6. 일 자(一字) 일 배(一拜)란 한 글자 쓰고 한 번 절하면서 사경(寫經)을 합니다. 스님들께서는 정성을 들여 일 자 삼 배의 정성으로 사경을 하기도 합니다.

사경 도구

1. 붓을 사용하면 정성이 들어갑니다.
2. 만년필이나 펜 그리고 연필로 써도 됩니다. 가능하면 작은 붓을 준비하고, 먹을 갈아 쓰면 보다 좋은 사경이 됩니다.

금강경(中)차례

第十三 如法受持分
제십삼 여법수지분

爾時에 須菩提 白佛言하사되 世尊이시여 當何名此經이며 我等이 云何
이시 수보리 백불언 세존 당하명차경 아등 운하

奉持하이까 佛告須菩提하사되 是經은 名爲金剛般若波羅蜜이니 以是名字
봉지 불고수보리 시경 명위금강반야바라밀 이시명자

로 汝當奉持니 所以者何오 須菩提야 佛說般若波羅蜜이 即非般若波羅蜜
여당봉지 소이자하 수보리 불설반야바라밀 즉비반야바라밀

일새 是名般若波羅蜜이니라 須菩提야 於意云何오 如來가 有所說法不아
시명반야바라밀 수보리 어의운하 여래 유소설법부

須菩提가 白佛言하사되 世尊이시여 如來는 無所說이니이다 須菩提야
수보리 백불언 세존 여래 무소설 수보리

於意云何오 三千大千世界所有微塵이 是爲多不아 須菩提言하사되 甚多
어의운하 삼천대천세계소유미진 시위다부 수보리언 심다

니이다 世尊이시여 須菩提야 諸微塵을 如來說非微塵일새 是名微塵이며
세존 수보리 제미진 여래설비미진 시명미진

如來說世界도 非世界일새 是名世界니라 須菩提야 於意云何오 可以三十
여래설세계 비세계 시명세계 수보리 어의운하 가이삼십

二相으로 見如來不아 不也니이다 世尊이시여 不可以三十二相으로 得見如
이상 견여래부 불야 세존 불가이삼십이상 득견여

來니 何以故오 如來說三十二相이 卽是非相일새 是名三十二相이니이다
래 하이고 여래설삼십이상 즉시비상 시명삼십이상

須菩提야 若有善男子善女人이 以恒河沙等身命으로 布施어든 若復有人
수보리 약유선남자선여인 이항하사등신명 보시 약부유인

이 於此經中에 乃至受持四句偈等하야 爲他人說하면 其福이 甚多니이다
어차경중 내지수지사구게등 위타인설 기복 심다

第十四 離相寂滅分
제십사 이상적멸분

爾時에 須菩提가 聞說是經하고 深解義趣하사 涕淚悲泣하사 而白佛言
이시 수보리 문설시경 심해의취 체루비읍 이백불언

하사되 希有世尊이시여 佛說如是甚深經典은 我從昔來所得慧眼으로 未曾
희유세존 불설여시심심경전 아종석래소득혜안 미증

得聞如是之經이니이다 世尊이시여 若復有人이 得聞是經하고 信心淸淨하면
득문여시지경 세존 약부유인 득문시경 신심청정

卽生實相하리니 當知是人은 成就第一希有功德이니 世尊이시여 是實相者
즉생실상 당지시인 성취제일희유공덕 세존 시실상자

는 卽是非相이니 是故로 如來說名實相이니 世尊이시여 我今得聞 如是經
즉시비상 시고 여래설명실상 세존 아금득문 여시경

典하고 信解受持는 不足爲難이어니와 若當來世後五百歲에 其有衆生이
전 신해수지 부족위난 약당래세후오백세 기유중생

得聞是經하고 信解受持하면 是人은 卽爲第一希有니 何以故오 此人은
득문시경 신해수지 시인 즉위제일희유 하이고 차인

無我相하며 無人相하며 無衆生相하며 無壽者相이니 所以者何오 我相이
무아상 무인상 무중생상 무수자상 소이자하 아상

卽是非相이며 人相衆生相壽者相이 卽是非相이라
즉시비상 인상중생상수자상 즉시비상

何以故오 離一切諸相이 卽名諸佛이니이다 佛告須菩提하사되 如是如是하다
하이고 이일체제상 즉명제불 불고수보리 여시여시

若復有人이 得聞是經하고 不驚不怖不畏하면 當知是人은 甚爲希有니何以
약부유인 득문시경 불경불포불외 당지시인 심위희유 하이

故오 須菩提야 如來說第一波羅蜜이 卽非第一波羅蜜이요 是名第一波羅蜜
고 수보리 여래설제일바라밀 즉비제일바라밀 시명제일바라밀

이니라 須菩提야 忍辱波羅蜜을 如來說非忍辱波羅蜜일새 是名忍辱波羅蜜
수보리 인욕바라밀 여래설비인욕바라밀 시명인욕바라밀

이니 何以故오 須菩提야 如我昔爲歌利王에 割截身體할새 我於爾時에
하이고 수보리 여아석위가리왕 할절신체 아어이시

無我相하며 無人相하며 無衆生相하며 無壽者相하니라 何以故오 我於往昔
무아상 무인상 무중생상 무수자상 하이고 아어왕석

節節 支解時에 若有我相人相衆生相壽者相이면 應生瞋恨이니라 須菩提야
절절 지해시 약유아상인상중생상수자상 응생진한 수보리

又念過去於五百世에 作忍辱仙人하야 於爾所世에 無我相하며 無人相
우념과거어오백세 작인욕선인 어이소세 무아상 무인상

하며 無衆生相하며 無壽者相이니라 是故로 須菩提야 菩薩은 應離一切相
무중생상 무수자상 시고 수보리 보살 응리일체상

하고 發阿耨多羅三藐三菩提心이니 不應住色生心하며 不應住聲香味觸法
발아뇩다라삼먁삼보리심 불응주색생심 불응주성향미촉법

하고 生心이요 應生無所住心이니라 若心有住하면 卽爲非住니라 是故로
생심 응생무소주심 약심유주 즉위비주 시고

佛說菩薩은 心不應住色布施라 하니라 須菩提야 菩薩이 爲利益一切衆生
불설보살 심불응주색보시 수보리 보살 위이익일체중생

하야 應如是布施니 如來說一切諸相은 卽是非相이며 又說一切衆生이
응여시보시 여래설일체제상 즉시비상 우설일체중생

卽非衆生이니라 須菩提야 如來는 是眞語者며 實語者며 如語者며 不誑語
즉비중생 수보리 여래 시진어자 실어자 여어자 불광어

者며 不異語者니라 須菩提야 如來所得法은 此法이 無實無虛하니라 須菩
자 불이어자 수보리 여래소득법 차법 무실무허 수보

提야 若菩薩이 心住於法하야 而行布施하면 如人이 入闇에 即無所見이요
리 약보살 심주어법 이행보시 여인 입암 즉무소견

若菩薩이 心不住法하야 而行布施하면 如人이 有目하야 日光明照에 見種
약보살 심부주법 이행보시 여인 유목 일광명조 견종

種色이니라 須菩提야 當來之世에 若有善男子善女人이 能於此經에 受持讀
종색 수보리 당래지세 약유선남자선여인 능어차경 수지독

誦하면 即爲如來가 以佛智慧로 悉知是人하며 悉見是人하나니 皆得成就無
송 즉위여래 이불지혜 실지시인 실견시인 개득성취무

量無邊功德하리라
량무변공덕

第十五 持經功德分
제십오 지경공덕분

須菩提야 若有善男子善女人이 初日分에 以恒河沙等身으로 布施하고
수보리 약유선남자선여인 초일분 이항하사등신 보시

中日分에 復以恒河沙等身으로 布施하고 後日分에 亦以恒河沙等身으로
중일분 부이항하사등신 보시 후일분 역이항하사등신

布施하야 如是無量百千萬億劫을 以身布施하여도 若復有人이 聞此經典
보시 여시무량백천만억겁 이신보시 약부유인 문차경전

하고 信心不逆하면 其福이 勝彼어늘 何況書寫受持讀誦하야 爲人解說이리
신심불역 기복 승피 하황서사수지독송 위인해설

요 須菩提야 以要言之컨댄 是經은 有不可思議不可稱量無邊功德하니
수보리 이요언지 시경 유불가사의불가칭량무변공덕

如來 爲發大乘者說이며 爲發最上乘者說이니라 若有人이 能受持讀誦하야
여래 위발대승자설 위발최상승자설 약유인 능수지독송

廣爲人說하면 如來가 悉知是人하며 悉見是人하야 皆得成就不可量不可稱
광위인설 여래 실지시인 실견시인 개득성취불가량불가칭

無有邊不可思議功德하리니 如是人等은 卽爲荷擔如來阿耨多羅三藐三菩提
무유변불가사의공덕 여시인등 즉위하담여래아녹다라삼먁삼보리

니 何以故오 須菩提야 若樂小法者는 着我見人見衆生見壽者見일새 卽於
하이고 수보리 약요소법자 착아견인견중생견수자견 즉어

此經에 不能聽受讀誦하야 爲人解說하리라 須菩提야 在在處處에 若有此
차경 불능청수독송 위인해설 수보리 재재처처 약유차

經하면 一切世間天人阿修羅의 所應供養이니 當知此處는 卽爲是塔이라
경 일체세간천인아수라 소응공양 당지차처 즉위시탑

皆應恭敬作禮圍繞하야 以諸華香으로 而散其處하리라
개응공경작례위요 이제화향 이산기처

第十六 能淨業障分
제십육 능정업장분

復次須菩提야 善男子善女人이 受持讀誦此經하되 若爲人輕賤하면 是人은
부차수보리 선남자선여인 수지독송차경 약위인경천 시인

先世罪業으로 應墮惡道이나 以今世人이 輕賤故로 先世罪業이 卽爲消
선세죄업 응타악도 이금세인 경천고 선세죄업 즉위소

滅하고 當得阿耨多羅三藐三菩提하리라 須菩提야 我念過去無量阿僧祇劫
멸 당득아녹다라삼먁삼보리 수보리 아념과거무량아승지겁

하니 於燃燈佛前에 得値八百四千萬億那由他諸佛하야 悉皆供養承事하야
어연등불전 득치팔백사천만억나유타제불 실개공양승사

無空過者니라 若復有人이 於後末世에 能受持讀誦此經하면 所得功德이
무공과자 약부유인 어후말세 능수지독송차경 소득공덕

於我所供養諸佛功德으로 百分不及一이며 千萬億分乃至算數譬喩로도
어아소공양제불공덕 백분불급일 천만억분내지산수비유

所不能及이니라 須菩提야 若善男子善女人이 於後末世에 有受持讀誦此經
소불능급 수보리 약선남자선여인 어후말세 유수지독송차경

하는 所得功德을 我若具說者면 或有人이 聞하고 心卽狂亂하야 狐疑不信
소득공덕 아약구설자 혹유인 문 심즉광난 호의불신

하리니 須菩提야 當知是經은 義도 不可思議며 果報도 亦不可思議니라
수보리 당지시경 의 불가사의 과보 역불가사의

第十七 究竟無我分
제십칠 구경무아분

爾時에 須菩提 白佛言하사되 世尊이시여 善男子善女人이 發阿耨多羅三
이시 수보리 백불언 세존 선남자선여인 발아뇩다라삼

藐三菩提心하니는 云何應住며 云何降伏其心하리이까 佛告須菩提하사되
먁삼보리심 운하응주 운하항복기심 불고수보리

若善男子善女人이 發阿耨多羅三藐三菩提心者는 當生如是心이니 我應滅
약선남자선여인 발아뇩다라삼먁삼보리심자 당생여시심 아응멸

度一切衆生하리니 滅度一切衆生已하야는 而無有一衆生도 實滅度者니라
도일체중생 멸도일체중생이 이무유일중생 실멸도자

何以故오 須菩提야 若菩薩이 有我相人相衆生相壽者相이면 卽非菩薩이니
하이고 수보리 약보살 유아상인상중생상수자상 즉비보살

所以者何오 須菩提야 實無有法하야 發阿耨多羅三藐三菩提心者니라 須菩
소이자하 수보리 실무유법 발아뇩다라삼먁삼보리심자 수보

提야 於意云何오 如來가 於然燈佛所에 有法하야 得阿耨多羅三藐三菩提
리 어의운하 여래 어연등불소 유법 득아뇩다라삼먁삼보리

不아 不也니이다 世尊이시여 如我解佛所說義로는 佛이 於然登佛所에
부 불야 세존 여아해불소설의 불 어연등불소

無有法하야 得阿耨多羅三藐三菩提하니이다 佛言하사되 如是如是
무유법 득아뇩다라삼먁삼보리 불언 여시여시

하다 須菩提야 實無有法일새 如來得阿耨多羅三藐三菩提니라 須菩提야
수보리 실무유법 여래득아뇩다라삼먁삼보리 수보리

若有法하야 如來得阿耨多羅三藐三菩提者인댄 燃燈佛이 卽不與我授記
약유법 여래득아뇩다라삼먁삼보리자 연등불 즉불여아수기

하사되 汝於來世에 當得作佛하리니 號釋迦牟尼련마는 以實無有法
여어래세 당득작불 호석가모니 이실무유법

일새 得阿耨多羅三藐三菩提니 是故로 燃燈佛이 與我授記하사 作是言
득아뇩다라삼먁삼보리 시고 연등불 여아수기 작시언

하사되 汝於來世에 當得作佛하야 號釋迦牟尼라 하시니라 何以故오 如來者
여어래세 당득작불 호석가모니 하이고 여래자

는 卽諸法에 如義니라 若有人이 言하되 如來가 得阿耨多羅三藐三菩提
즉제법 여의 약유인 언 여래 득아뇩다라삼먁삼보리

라 하면 須菩提야 實無有法일새 佛得阿耨多羅三藐三菩提니라 須菩提야
수보리 실무유법 불득아뇩다라삼먁삼보리 수보리

如來所得阿耨多羅三藐三菩提는 於是中에 無實無虛하니라 是故로 如來說
여래소득아뇩다라삼먁삼보리 어시중 무실무허 시고 여래설

一切法이 皆是佛法이라 하느니라 須菩提야 所言一切法者는 卽非一切法
일체법 개시불법 수보리 소언일체법자 즉비일체법

일새 是故로 名一切法이니라 須菩提야 譬如人身長大니라 須菩提言
시고 명일체법 수보리 비여인신장대 수보리언

하사되 世尊이시여 如來說人身長大는 即爲非大身일새 是名大身이니이다
세존 여래설인신장대 즉위비대신 시명대신

須菩提야 菩薩도 亦如是하야 若作是言하되 我當滅度無量衆生이라 하면
수보리 보살 역여시 약작시언 아당멸도무량중생

即不名菩薩이니 何以故오 須菩提야 實無有法을 名爲菩薩이니 是故로
즉불명보살 하이고 수보리 실무유법 명위보살 시고

佛說一切法이 無我無人無衆生無壽者라 하느니라 須菩提야 若菩薩이 作是
불설일체법 무아무안무중생무수자 수보리 약보살 작시

言 하되 我當莊嚴佛土라 하면 是不名菩薩이니 何以故 如來說莊嚴佛土者
언 아당장엄불토 시불명보살 하이고 여래설장엄불토자

는 即非莊嚴일새 是名莊嚴이니라 須菩提야 若菩薩이 通達無我法者인대는
즉비장엄 시명장엄 수보리 약보살 통달무아법자

如來가 說名眞是菩薩이니라
여래 설명진시보살

如	法	受	持	分	第	十	三	爾	時
같을 여	법 법	받을 수	가질 지	나눌 분	차례 제	열 십	석 삼	그 이	때 시
女 6획	水(氵) 8획	又 8획	扌 9획	刀 4획	竹 11획	十 2획	一 3획	爻 14획	日 10획
如	法	受	持	分	第	十	三	爾	時
如	法	受	持	分	第	十	三	爾	時
如	法	受	持	分	第	十	三	爾	時

第十三 如法受持分(제13 여법수지분) : 제13분 법답게 받아 지님.

須	菩	提	白	佛	言	世	尊	當	何
모름지기 수	보살 보	보리 리	아뢸 백	부처님 불	말씀 언	인간 세	높을 존	마땅할 당	어찌 하
頁 12획	艸(++) 12획	扌 12획	白 5획	亻 7획	言 7획	一 5획	寸 12획	田 13획	亻 7획
須	菩	提	白	佛	言	世	尊	當	何
須	菩	提	白	佛	言	世	尊	當	何
須	菩	提	白	佛	言	世	尊	當	何

[해석]

▶ 爾時 須菩提 白佛言 世尊 當何名此經 我等 云何奉持(이시 수보리 백불언 세존 당하명차경 아등 운하봉지) : 그때에 수보리가 부처님께 말씀드렸습니다. "세존이시여, 이 경을 무엇이라 이름하며 저희들이 어떻게 받아 지니오리까."

名	此	經	我	等	云	何	奉	持	佛
이름 명	이 차	경서 경	나 아	무리 등	이를 운	어찌 하	받들 봉	가질 지	부처님 불
口 6획	止 6획	糸 13획	戈 7획	竹 12획	二 4획	亻 7획	大 8획	扌 9획	亻 7획
名	此	經	我	等	云	何	奉	持	佛
名	此	經	我	等	云	何	奉	持	佛
名	此	經	我	等	云	何	奉	持	佛

[해석]

▶ **佛告須菩提 是經 名爲金剛般若波羅蜜 以是名字 汝當奉持**(불고수보리 시경 명위금강 반야바라밀 이시명자 여당봉지) : 부처님께서 수보리에게 말씀하셨다. "이 경은 금강 반야바라밀이니 이 이름으로써 너희들은 마땅히 받들어 지녀야 할 것이니라."

告	須	菩	提	是	經	名	爲	金	剛
알릴 고	모름지기 수	보살 보	보리 리	이 시	경서 경	이름 명	할 위	쇠 금	굳셀 강
口 7획	頁 12획	艸(++) 12획	扌 12획	日 9획	糸 13획	口 6획	爫 12획	金 8획	刂 9획
告	須	菩	提	是	經	名	爲	金	剛
告	須	菩	提	是	經	名	爲	金	剛
告	須	菩	提	是	經	名	爲	金	剛

[해설]

☞ 如法(여법) : '法(법)' 답게라는 뜻이다. 금강경을 법답게 받아서 잘 지니라는 말이다.

般	若	波	羅	蜜	以	是	名	字	汝
일반 **반**	반야 **야**	물결 **바**	벌릴 **라**	꿀 **밀**	써 **이**	이 **시**	이름 **명**	글자 **자**	너 **여**
舟 10획	艸(艹) 9획	氵 8획	罒 19획	虫 14획	人 5획	日 9획	口 6획	子 6획	水(氵) 6획
般	若	波	羅	蜜	以	是	名	字	汝
般	若	波	羅	蜜	以	是	名	字	汝
般	若	波	羅	蜜	以	是	名	字	汝

☞ 금강경을 설하실 때 처음부터 금강경 제목을 정해 놓고 설하신 것이 아니다. 반야의 진리를 설하실 때 서론과 본론을 설하는 과정에서 금강반야바라밀경으로 경의 제목을 정하셨다. 금강경은 중생을 부처님으로, 어리석음을 밝음으로 바꾸어 주는 선지식인 것이다. 금강경의 깊은 속뜻을 깨달아 이 금강경의 내용대로 살아가라는 진리의 말씀이다.

當	奉	持	所	以	者	何	須	菩	提
마땅할 당	받들 봉	가질 지	바 소	써 이	것 자	어찌 하	모름지기 수	보살 보	보리 리
田 13획	大 8획	扌 9획	戶 8획	人 5획	老 9획	亻 7획	頁 12획	艸(艹) 12획	扌 12획
當	奉	持	所	以	者	何	須	菩	提
當	奉	持	所	以	者	何	須	菩	提
當	奉	持	所	以	者	何	須	菩	提

[해석]

▶ 所以者何 須菩提 佛說般若波羅蜜 卽非般若波羅蜜 是名般若波羅蜜(소이자하 수보리 불설반야바라밀 즉비반야바라밀 시명반야바라밀) :"무슨 까닭인가, 수보리야. 부처님이 설한 반야바라밀은 곧 반야바라밀이 아니고 그 이름이 반야바라밀이기 때문이니라."

佛	說	般	若	波	羅	蜜	卽	非	般
부처님 **불**	말씀 **설**	일반 **반**	반야 **야**	물결 **바**	벌릴 **라**	꿀 **밀**	곧 **즉**	아닐 **비**	일반 **반**
亻 7획	言 14획	舟 10획	艸(艹) 9획	氵 8획	罒 19획	虫 14획	卩 9획	非 8획	舟 10획
佛	說	般	若	波	羅	蜜	卽	非	般
佛	說	般	若	波	羅	蜜	卽	非	般
佛	說	般	若	波	羅	蜜	卽	非	般

[해설]

☞ 금강경은 중생의 마음을 相(상)에서 벗어나도록 거듭 강조하고 있다.

若	波	羅	蜜	是	名	般	若	波	羅
반야 야	물결 바	벌릴 라	꿀 밀	이 시	이름 명	일반 반	반야 야	물결 바	벌릴 라
艸(++) 9획	氵 8획	罒 19획	虫 14획	日 9획	口 6획	舟 10획	艸(++) 9획	氵 8획	罒 19획
若	波	羅	蜜	是	名	般	若	波	羅
若	波	羅	蜜	是	名	般	若	波	羅
若	波	羅	蜜	是	名	般	若	波	羅

☞ 마음은 이름이고 마음의 본성은 또렷이 아는 것(知)이다.
물은 이름이고 물의 성질은 축축히 젖는 것처럼, 참다운 마음은 이름을 초월한 파란 하늘 같은 마음인 것이다.

蜜	須	菩	提	於	意	云	何	如	來
꿀 밀	모름지기 수	보살 보	보리 리	어조사 어	뜻 의	이를 운	어찌 하	같을 여	올 래
虫 14획	頁 12획	艸(++) 12획	扌 12획	方 8획	心 13획	二 4획	亻 7획	女 6획	人 8획
蜜	須	菩	提	於	意	云	何	如	來
蜜	須	菩	提	於	意	云	何	如	來
蜜	須	菩	提	於	意	云	何	如	來

[해석]

▶ 須菩提 於意云何 如來 有所說法不 須菩提 白佛言 世尊 如來 無所說(수보리 어의운하 여래 유소설법부 수보리 백불언 세존 여래 무소설) :“수보리야, 어떻게 생각하느냐. 여래가 설한 바 법이 있느냐.“수보리가 부처님께 사뢰어 말씀드렸습니다.”세존이시여, 여래께서는 설하신 바가 없습니다.”

有	所	說	法	不	須	菩	提	白	佛
있을 유	바 소	말씀 설	법 법	아닐 부	모름지기 수	보살 보	보리 리	아뢸 백	부처님 불
月 6획	戶 8획	言 14획	水(氵) 8획	一 4획	頁 12획	艸(艹) 12획	扌 12획	白 5획	亻 7획
有	所	說	法	不	須	菩	提	白	佛
有	所	說	法	不	須	菩	提	白	佛
有	所	說	法	不	須	菩	提	白	佛

[해설]

☞ 부처님께서는 6년 고행 정진 후에 보리수나무 아래서 마음을 깨달으시고 부처님이 되셨다. 성도 후에 부처님은 거의 하루도 빠놓지 않고 곳곳에서 진리를 설하셨다.

言	世	尊	如	來	無	所	說	須	菩
말씀 언	**인간 세**	**높을 존**	**같을 여**	**올 래**	**없을 무**	**바 소**	**말씀 설**	**모름지기 수**	**보살 보**
言 7획	一 5획	寸 12획	女 6획	人 8획	火(灬) 12획	戶 8획	言 14획	頁 12획	艸(艹) 12획
言	世	尊	如	來	無	所	說	須	菩
言	世	尊	如	來	無	所	說	須	菩
言	世	尊	如	來	無	所	說	須	菩

[해석]

▶ 須菩提 於意云何 三千大千世界所有微塵 是爲多不 須菩提 言 甚多 世尊 須菩提 諸微塵 如來 說非微塵 是名微塵 如來 說世界 非世界 是名世界(수보리 어의운하 삼천대천세계소유미진 시위다부 수보리 언 심다 세존 수보리 제미진 여래 설비미진 시명미진 여래 설세계 비세계 시명세계) :“수보리야, 어떻게 생각하느냐. 삼천 대천 세계에 있는 티끌이 많다고 하겠느냐?”“수보리가 말씀드렸습니다.”매우 많습니다, 세존이시여.” “수보리야, 모든 티끌을 여래가 설하되 티끌이 아니라 그 이름이 티끌이며 여래가 설한 세계도 세계가 아니라 그 이름이 세계이니라.”

提	於	意	云	何	三	千	大	千	世
보리 리	어조사 어	뜻 의	이를 운	어찌 하	석 삼	일천 천	큰 대	일천 천	세상 세
扌 12획	方 8획	心 13획	二 4획	亻 7획	一 3획	十 3획	大 3획	十 3획	一 5획
提	於	意	云	何	三	千	大	千	世
提	於	意	云	何	三	千	大	千	世
提	於	意	云	何	三	千	大	千	世

[해설]

☞ 현재 우리가 살고 있는 지구라는 별에는 헤아릴 수 없을 정도로 많은 생명체가 태어나 살아가고 있다.

界	所	有	微	塵	是	爲	多	不	須
지경 계	바 소	있을 유	작을 미	티끌 진	이 시	이룰 위	많을 다	아닐 부	모름지기 수
田 9획	戶 8획	月 6획	彳 13획	土 14획	日 9획	爫 12획	夕 6획	一 4획	頁 12획
界	所	有	微	塵	是	爲	多	不	須
界	所	有	微	塵	是	爲	多	不	須
界	所	有	微	塵	是	爲	多	不	須

☞ 그런데 지구 자체도 작은 먼지 티끌이 모여서 하나의 세계가 된 것이다. 이렇게 티끌이 모여서 만들어진 세계이고 보니 영원할 수가 없는 것이다.

菩	提	言	甚	多	世	尊	須	菩	提
보살 보	보리 리	말씀 언	심할 심	많을 다	인간 세	높을 존	모름지기 수	보살 보	보리 리
艸(++) 12획	扌 12획	言 7획	甘 9획	夕 6획	一 5획	寸 12획	頁 12획	艸(++) 12획	扌 12획
菩	提	言	甚	多	世	尊	須	菩	提
菩	提	言	甚	多	世	尊	須	菩	提
菩	提	言	甚	多	世	尊	須	菩	提

☞ 진리적인 측면에서 바라보면 생겼다 없어졌다 하는 것을 이름하여 티끌 세계라 한다. 그렇기 때문에 여래가 설한 세계도 세계인 것이다.

諸	微	塵	如	來	說	非	微	塵	是
모든 제	작을 미	티끌 진	같을 여	올 래	말씀 설	아닐 비	작을 미	티끌 진	이 시
言 16획	彳 13획	土 14획	女 6획	人 8획	言 14획	非 8획	彳 13획	土 14획	日 9획
諸	微	塵	如	來	說	非	微	塵	是
諸	微	塵	如	來	說	非	微	塵	是
諸	微	塵	如	來	說	非	微	塵	是

♧ 중생이 병들었으므로 내가 병이 들었노라.
중생의 병이 나을 때 나의 병도 나을 것이다.

「유마경」

名	微	塵	如	來	說	世	界	非	世
이름 명	작을 미	티끌 진	같을 여	올 래	말씀 설	세상 세	지경 계	아닐 비	세상 세
口 6획	彳 13획	土 14획	女 6획	人 8획	言 14획	一 5획	田 9획	非 8획	一 5획
名	微	塵	如	來	說	世	界	非	世
名	微	塵	如	來	說	世	界	非	世
名	微	塵	如	來	說	世	界	非	世

집착하지 마라
상에 이끌리고
소리에 이끌리지 마라
전부 진실된 것이
아니기 때문이다

界	是	名	世	界	須	菩	提	於	意
지경 계	이 시	이름 명	세상 세	지경 계	모름지기 수	보살 보	보리 리	어조사 어	뜻 의
田 9획	日 9획	口 6획	一 5획	田 9획	頁 12획	艸(艹) 12획	扌 12획	方 8획	心 13획
界	是	名	世	界	須	菩	提	於	意
界	是	名	世	界	須	菩	提	於	意
界	是	名	世	界	須	菩	提	於	意

[해석]

▶ 須菩提 於意云何 可以三十二相 見如來不 不也 世尊 不可以三十二相 得見如來 何以故 如來說三十二相 卽是非相 是名三十二相(수보리 어의운하 가이삼십이상 견여래부 불야 세존 불가이삼십이상 득견여래 하이고 여래설삼십이상 즉시비상 시명삼십이상) :"수보리야, 어떻게 생각하느냐. 삼십이상으로 여래를 볼 수 있겠느냐."

"아닙니다, 세존이시여. 가히 삼십이상으로 여래를 볼 수 없습니다. 왜냐하면 여래께서 말씀하신 삼십이상은 곧 상이 아니라, 그 이름이 삼십이상이기 때문입니다."

云	何	可	以	三	十	二	相	見	如
이를 운	어찌 하	가히 가	써 이	석 삼	열 십	두 이	바탕 상	볼 견	갈을 여
二 4획	亻 7획	口 5획	人 5획	一 3획	十 2획	二 2획	目 9획	見 7획	女 6획
云	何	可	以	三	十	二	相	見	如
云	何	可	以	三	十	二	相	見	如
云	何	可	以	三	十	二	相	見	如

[해설]

☞ 삼십이상이라는 잘생기신 모습만 가지고 부처님이라고 한다면 인물이 잘생긴 사람은 전부 부처님이라는 잘못된 생각을 할 수 있다.

來	不	不	也	世	尊	不	可	以	三
올 래	아닐 부	아닐 불	어조사 야	인간 세	높을 존	아닐 불	가히 가	써 이	석 삼
人 8획	一 4획	一 4획	乙 3획	一 5획	寸 12획	一 4획	口 5획	人 5획	一 3획
來	不	不	也	世	尊	不	可	以	三
來	不	不	也	世	尊	不	可	以	三
來	不	不	也	世	尊	不	可	以	三

☞ 인물이 잘생긴 사람이 마음가짐과 행동을 거짓되고 함부로 한다면 설령 인물이 못생겼더라도 맑고 밝게 부처님 마음가짐으로 살아가는 사람이 오히려 부처님 마음으로 한 걸음 더 다가설 것이다.

十	二	相	得	見	如	來	何	以	故
열 십	두 이	바탕 상	얻을 득	볼 견	같을 여	올 래	어찌 하	써 이	까닭 고
十 2획	二 2획	目 9획	彳 11획	見 7획	女 6획	人 8획	亻 7획	人 5획	攵 9획
十	二	相	得	見	如	來	何	以	故
十	二	相	得	見	如	來	何	以	故
十	二	相	得	見	如	來	何	以	故

☞ 부처님은 과거생부터 많은 복과 덕을 쌓으셨다. 그래서 보통사람보다 몸이나 얼굴 모습이 잘 생기신 것이다. 마음을 잘 쓰고 착한 일을 하고 베풀며 살아갈 때 얼굴 모습이 넉넉해 보이지만 나쁜 생각과 잘못된 행동으로 살아간다면 얼굴 모습이 밝지 않고 어두워지게 된다.

如	來	說	三	十	二	相	卽	是	非
같을 **여**	올 **래**	말씀 **설**	석 **삼**	열 **십**	두 **이**	바탕 **상**	곧 **즉**	이 **시**	아닐 **비**
女 6획	人 8획	言 14획	一 3획	十 2획	二 2획	目 9획	卩 9획	日 9획	非 8획

如 來 說 三 十 二 相 卽 是 非
如 來 說 三 十 二 相 卽 是 非
如 來 說 三 十 二 相 卽 是 非

☞ 중생에게 이끌어 주신 참다운 부처님은 몸이니 얼굴 모습을 초월한 아름다운 진여의 마음을 일깨워 주셨다. 아무리 삼십이상이 수려하고 잘생겼다 하더라도 그 상에 집착하지 말고 상에 이끌리지 말아야 한다. 겉모습에 이끌리지 말고 이름을 떠나고 상을 떠난 맑고 여여한 부처님 마음에 머물러야 한다는 가르침이다.

相	是	名	三	十	二	相	須	菩	提
바탕 상	이 시	이름 명	석 삼	열 십	두 이	바탕 상	모름지기 수	보살 보	보리 리
目 9획	日 9획	口 6획	一 3획	十 2획	二 2획	目 9획	頁 12획	艸(++) 12획	扌 12획
相	是	名	三	十	二	相	須	菩	提
相	是	名	三	十	二	相	須	菩	提
相	是	名	三	十	二	相	須	菩	提

[해석]

▶ **須菩提 若有善男子善女人 以恒河沙等身命 布施 若復有人 於此經中 乃至受持四句偈等 爲他人說 其福甚多**(수보리 약유선남자선여인 이항하사등신명 보시 약부유인 어차경중 내지수지사구게등 위타인설 기복심다) : 수보리야. 만약 선남자 선여인이 있어 항하의 모래와 같이 많은 목숨을 바쳐서 보시하더라도, 어떤 사람이 이 경 가운데 사구게만이라도 받아 지녀서 남을 위하여 일러준다면 그 복이 훨씬 더 많으니라.

若	有	善	男	子	善	女	人	以	恒
만약 **약**	있을 **유**	착할 **선**	사내 **남**	아들 **자**	착할 **선**	계집 **여**	사람 **인**	써 **이**	항상 **항**
艸(艹) 9획	月 6획	口 12획	田 7획	子 3획	口 12획	女 3획	人 2획	人 5획	心(忄) 9획
若	有	善	男	子	善	女	人	以	恒
若	有	善	男	子	善	女	人	以	恒
若	有	善	男	子	善	女	人	以	恒

[해설]

☞ 물질적인 보시는 다음 생에 재물이 많은 부자가 될 수 있는 씨앗을 심은 것이나. 물질적인 보시의 공덕과 마음을 깨달으신 부처님과 비교를 해 본다면 인간 세상에서 물질적인 공덕은 부처님의 세계에 견줄 바가 못 된다는 가르침이다.

河	沙	等	身	命	布	施	若	復	有
물 하	모래 사	무리 등	몸 신	목숨 명	베풀 포	베풀 시	만약 약	다시 부	있을 유
氵 8획	氵 7획	竹 12획	身 7획	口 8획	巾 5획	方 9획	艸(艹) 9획	彳 12획	月 6획
河	沙	等	身	命	布	施	若	復	有
河	沙	等	身	命	布	施	若	復	有
河	沙	等	身	命	布	施	若	復	有

☞ 限界(한계)와 無限界(무한계)는 차이가 같은 것이다. 부처님을 만난 것은 영원한 행복인 것이며, 마치 샘물과 같아서 아무리 솟아 넘쳐 흘러도 모자람이 없다.

人	於	此	經	中	乃	至	受	持	四
사람 인	어조사 어	이 차	경서 경	가운데 중	이에 내	이를 지	받을 수	가질 지	넉 사
人 2획	方 8획	止 6획	糸 13획	丨 4획	ノ 2획	至 6획	又 8획	扌 9획	口 5획
人	於	此	經	中	乃	至	受	持	四
人	於	此	經	中	乃	至	受	持	四
人	於	此	經	中	乃	至	受	持	四

☞ 번뇌는 번거롭게 일어나는 생각을 말한다. 한 생각이 일어나고 또 다른 생각이 섞여서 일어나기도 한다. 마치 TV에서 전파가 잘 잡히지 않아 혼선으로 채널이 겹쳐 일어나는 것과도 같다. 번뇌는 생각에서 일어나는 것이다. 이 번뇌를 客塵煩惱(객진번뇌)라고 한다.

句	偈	等	爲	他	人	說	其	福	甚
글귀 구	글귀 게	무리 등	위할 위	다를 타	사람 인	말씀 설	그 기	복 복	심할 심
口 5획	亻 11획	竹 12획	爫 12획	亻 5획	人 2획	言 14획	八 8획	示 14획	甘 9획
句	偈	等	爲	他	人	說	其	福	甚
句	偈	等	爲	他	人	說	其	福	甚
句	偈	等	爲	他	人	說	其	福	甚

참다운 마음은 늘 여여한 것입니다.
번뇌 망상에 마음을 빼앗기지 않도록 자신을
잘 돌아봐야 합니다.

多	離	相	寂	滅	分	第	十	四	爾
많을 다	떠날 리	바탕 상	고요할 적	멸할 멸	나눌 분	차례 제	열 십	넉 사	그 이
夕 6획	隹 19획	目 9획	宀 11획	氵 13획	刀 4획	竹 11획	十 2획	口 5획	爻 14획
多	離	相	寂	滅	分	第	十	四	爾
多	離	相	寂	滅	分	第	十	四	爾
多	離	相	寂	滅	分	第	十	四	爾

第十四 離相寂滅分(제14 이상적멸분) : 相(상)을 떠나서 고요히 멸함.

時	須	菩	提	聞	說	是	經	深	解
때 시	모름지기 수	보살 보	보리 리	들을 문	말씀 설	이 시	경서 경	깊을 심	깨우칠 해
日 10획	頁 12획	艸(++) 12획	扌 12획	耳 14획	言 14획	日 9획	糸 13획	氵 11획	角 13획
時	須	菩	提	聞	說	是	經	深	解
時	須	菩	提	聞	說	是	經	深	解
時	須	菩	提	聞	說	是	經	深	解

[해석]

▶ **爾時 須菩提 聞說是經 深解義趣 涕淚悲泣 而白佛言 希有世尊 佛說如是甚深經典 我從昔來所得慧眼 未曾得聞如是之經**(이시 수보리 문설시경 심해의취 체루비읍 이백불언 희유세존 불설여시심심경전 아종석래소득혜안 미증득문여시지경) : 그때에 수보리가 이 경을 설하심을 듣고 깊이 그 뜻을 깨달아 눈물을 흘리고 슬피 울며 부처님께 말씀드렸습니다. "희유하십니다, 세존이시여. 부처님께서 이와 같이 심히 깊은 경전을 설하심은 제가 예로부터 오면서 얻은 지혜의 눈으로도 아직 이와 같은 경을 얻어 듣지 못하였습니다."

義	趣	涕	淚	悲	泣	而	白	佛	言
뜻 의	뜻 취	눈물흘릴 체	눈물 루	슬플 비	울 읍	말이을 이	아뢸 백	부처님 불	말씀 언
羊 13획	走 15획	氵 10획	氵 11획	心 12획	氵 8획	而 6획	白 5획	亻 7획	言 7획
義	趣	涕	淚	悲	泣	而	白	佛	言
義	趣	涕	淚	悲	泣	而	白	佛	言
義	趣	涕	淚	悲	泣	而	白	佛	言

[해설]

☞ 마음 가운데 모든 상이 무너진 자리는 곧 寂滅樂(적멸락)이 되는 것이다. 수보리 존자는 이제 부처님의 진실한 뜻을 깨달아 알게 된 것이다.

希	有	世	尊	佛	說	如	是	甚	深
드물 희	있을 유	인간 세	높을 존	부처님 불	말씀 설	같을 여	이 시	심할 심	깊을 심
巾 7획	月 6획	一 5획	寸 12획	亻 7획	言 14획	女 6획	日 9획	甘 9획	氵 11획
希	有	世	尊	佛	說	如	是	甚	深
希	有	世	尊	佛	說	如	是	甚	深
希	有	世	尊	佛	說	如	是	甚	深

☞ 금강경을 통해서 실상을 보니 자연히 감격을 받을 수 밖에 없다. 정진하다 보면 반드시 감격스러운 때가 온다.

經	典	我	從	昔	來	所	得	慧	眼
경서 경	책 전	나 아	좇을 종	옛 석	올 래	바 소	얻을 득	지혜 혜	눈 안
糸 13획	八 8획	戈 7획	彳 11획	日 8획	人 8획	戶 8획	彳 11획	心 15획	目 11획
經	典	我	從	昔	來	所	得	慧	眼
經	典	我	從	昔	來	所	得	慧	眼
經	典	我	從	昔	來	所	得	慧	眼

☞ 道(도)라고 하면 그 속에 신기한 보물이 있는 줄 안다. 실상의 자리는 맑고 여여하다. 중생은 갖가지 相(상)에 이끌리어 괴로워 한다. 모든 相(상) 속에서 진리를 보는 것이다.

未	曾	得	聞	如	是	之	經	世	尊
아닐 미	일찍 증	얻을 득	들을 문	같을 여	이 시	어조사지	경서 경	인간 세	높을 존
木 5획	日 12획	彳 11획	耳 14획	女 6획	日 9획	ノ 4획	糸 13획	一 5획	寸 12획
未	曾	得	聞	如	是	之	經	世	尊
未	曾	得	聞	如	是	之	經	世	尊
未	曾	得	聞	如	是	之	經	世	尊

[해설]

▶ **世尊 若復有人 得聞是經 信心淸淨 卽生實相 當知是人 成就第一希有功德**(세존 약부유인 득문시경 신심청정 즉생실상 당지시인 성취제일희유공덕) : 세존이시여. 만일 어떤 사람이 이 경을 얻어 듣고 믿는 마음이 청정하면 곧 실상을 깨달으니, 이 사람은 제일 희유한 공덕을 성취한 줄로 마땅히 알겠습니다.

若	復	有	人	得	聞	是	經	信	心
만약 약	다시 부	있을 유	사람 인	얻을 득	들을 문	이 시	경서 경	믿을 신	마음 심
艸(++) 9획	彳 12획	月 6획	人 2획	彳 11획	耳 14획	日 9획	糸 13획	亻 9획	心 4획
若	復	有	人	得	聞	是	經	信	心
若	復	有	人	得	聞	是	經	信	心
若	復	有	人	得	聞	是	經	信	心

☞ 금강경은 부처님 마음이다. 경전 속에 조금의 의심이 없고 믿는 마음이 청정하다면 그 자리가 곧 부처님 마음이라는 것이다. 앉고, 서고, 가고, 옴이 여여해서 걸림이 없다.

淸	淨	卽	生	實	相	當	知	是	人
맑을 청	깨끗할 정	곧 즉	날 생	참스러운 실	바탕 상	마땅할 당	알 지	이 시	사람 인
水(氵) 11획	氵 11획	卩 9획	生 5획	宀 14획	目 9획	田 13획	矢 8획	日 9획	人 2획
淸	淨	卽	生	實	相	當	知	是	人
淸	淨	卽	生	實	相	當	知	是	人
淸	淨	卽	生	實	相	當	知	是	人

☞ 화엄경에, 믿음은 곧 공덕의 어머니라고 했다. 부처님께서 설하신 네 가지 상이 없으면 그대로 실상을 성취한다는 진리의 가르침을 받아 들이고 믿어서, 일체 상을 떠나게 되면 곧 그대로가 부처님의 세계가 된다는 것이다.

成	就	第	一	希	有	功	德	世	尊
이룰 성	이룰 취	차례 제	한 일	드물 희	있을 유	공 공	은혜 덕	인간 세	높을 존
戈 7획	尢 12획	竹 11획	一 1획	巾 7획	月 6획	力 5획	彳 15획	一 5획	寸 12획
成	就	第	一	希	有	功	德	世	尊
成	就	第	一	希	有	功	德	世	尊
成	就	第	一	希	有	功	德	世	尊

[해석]

▶ **世尊 是實相者 卽是非相 是故 如來說名實相**(세존 시실상자 즉시비상 시고 여래설명 실상) : 세존이시여. 이 실상이라는 것은 곧 이것이 상이 아니므로, 여래께서 말씀하시길 실상이라 하셨습니다.

是	實	相	者	卽	是	非	相	是	故
이 시	진실할 실	서로 상	사람 자	곧 즉	이 시	아닐 비	서로 상	이 시	연고 고
日 9획	宀 14획	目 9획	老 9획	卩 9획	日 9획	非 8획	目 9획	日 9획	攵 9획
是	實	相	者	卽	是	非	相	是	故
是	實	相	者	卽	是	非	相	是	故
是	實	相	者	卽	是	非	相	是	故

[해설]

☞ 실상이라는 것은 거짓이나 꾸밈이 없는 참다운 상이라는 것이다.

如	來	說	名	實	相	世	尊	我	今
같을 여	올 래	말씀 설	이름 명	참스러운실	바탕 상	인간 세	높을 존	나 아	이제 금
女 6획	人 8획	言 14획	日 6획	宀 14획	目 9획	一 5획	寸 12획	戈 7획	人 4획
如	來	說	名	實	相	世	尊	我	今
如	來	說	名	實	相	世	尊	我	今
如	來	說	名	實	相	世	尊	我	今

[해석]

▶ 世尊 我今得聞 如是經典 信解受持 不足爲難 若當來世後五百歲 其有衆生 得聞是經 信解受持 是人 卽爲第一希有(세존 아금득문 여시경전 신해수지 부족위난 약당래세후오백세 기유중생 득문시경 신해수지 시인 즉위제일희유) : 세존이시여, 제가 지금 이와 같은 경전을 얻어 듣고 믿어 알고 받아 가지기는 족히 어렵지 않습니다만, 만약 다음 세상 후오백세에 어떤 중생이 이 경을 얻어 듣고 믿어 알고 받아 지닌다면, 이 사람은 곧 제일 희유함이 될 것입니다.

得	聞	如	是	經	典	信	解	受	持
얻을 득	들을 문	같을 여	이 시	경서 경	책 전	믿을 신	깨우칠해	받을 수	가질 지
彳 11획	耳 14획	女 6획	日 9획	糸 13획	八 8획	亻 9획	角 13획	又 8획	扌 9획
得	聞	如	是	經	典	信	解	受	持
得	聞	如	是	經	典	信	解	受	持
得	聞	如	是	經	典	信	解	受	持

[해설]

☞ 부처님이 계신 때에는 직접 설법을 듣고 쉽게 이해해서 마음을 깨달을 수 있다.

不	足	爲	難	若	當	來	世	後	五
아닐 부	흡족할 족	이룰 위	어려울 난	만약 약	마땅할 당	올 래	세상 세	뒤 후	다섯 오
一 4획	足 7획	爫 12획	隹 19획	艸(++) 9획	田 13획	人 8획	一 5획	彳 9획	二 4획
不	足	爲	難	若	當	來	世	後	五
不	足	爲	難	若	當	來	世	後	五
不	足	爲	難	若	當	來	世	後	五

☞ 그러나 부처님께서 입멸하시고 세월이 지난 다음에 금강경을 듣고 믿어 알고 지닌다면 그 사람은 다겁생래에 선근 공덕이 많은 분이다. 말법으로 갈수록 사람들은 다분히 물질에 이끌리어 욕망과 사치에 물들어 가기가 쉬운 것이다.

百	歲	其	有	衆	生	得	聞	是	經
일백 백	해 세	그 기	있을 유	무리 중	날 생	얻을 득	들을 문	이 시	경서 경
白 6획	止 13획	八 8획	月 6획	血 12획	生 5획	彳 11획	耳 14획	日 9획	糸 13획
百	歲	其	有	衆	生	得	聞	是	經
百	歲	其	有	衆	生	得	聞	是	經
百	歲	其	有	衆	生	得	聞	是	經

☞ 그런 오탁 악세에서 반야의 지혜를 배운다는 것은 참으로 행복한 것이다. 말법에 부처님의 참다운 진리를 깨달아 때묻지 않은 맑고 청정한 삶을 살아야 한다.

信	解	受	持	是	人	卽	爲	第	一
믿을 신	깨우칠 해	받을 수	가질 지	이 시	사람 인	곧 즉	이룰 위	차례 제	한 일
亻 9획	角 13획	又 8획	扌 9획	日 9획	人 2획	卩 9획	爫 12획	竹 11획	一 1획
信	解	受	持	是	人	卽	爲	第	一
信	解	受	持	是	人	卽	爲	第	一
信	解	受	持	是	人	卽	爲	第	一

맑고 파란 하늘에
온갖 모양의 구름이 일어난다
바람이 불고 구름이 밀려 가니
태양은 그대로 밝고
하늘은 늘 푸르구나

希	有	何	以	故	此	人	無	我	相
드물 희	있을 유	어찌 하	써 이	까닭 고	이 차	사람 인	없을 무	나 아	바탕 상
巾 7획	月 6획	亻 7획	人 5획	攴(攵) 9획	止 6획	人 2획	火(灬) 12획	戈 7획	目 9획
希	有	何	以	故	此	人	無	我	相
希	有	何	以	故	此	人	無	我	相
希	有	何	以	故	此	人	無	我	相

[해석]

▶ 何以故 此人 無我相 無人相 無衆生相 無壽者相 所以者何 我相 卽是非相 人相衆生相壽者相 卽是非相(하이고 차인 무아상 무인상 무중생상 무수자상 소이자하 아상 즉시비상 인상중생상수자상 즉시비상) : 왜냐하면 이 사람은 아상도 없고 인상도 없고 중생상도 없고 수자상도 없기 때문입니다. 그 까닭이 무엇인가 하면 아상은 곧 상이 아니며 인상, 중생상, 수자상도 곧 상이 아니기 때문입니다.

無	人	相	無	衆	生	相	無	壽	者
없을 무	사람 인	바탕 상	없을 무	무리 중	날 생	바탕 상	없을 무	목숨 수	사람 자
火(灬) 12획	人 2획	目 9획	火(灬) 12획	血 12획	生 5획	目 9획	火(灬) 12획	士 14획	老 9획
無	人	相	無	衆	生	相	無	壽	者
無	人	相	無	衆	生	相	無	壽	者
無	人	相	無	衆	生	相	無	壽	者

[해석]

▶ 何以故 離一切諸相 卽名諸佛(하이고 이일체제상 즉명제불) : 왜냐하면 일체 상을 여윈 것을 부처님이라 하기 때문입니다.

相	所	以	者	何	我	相	卽	是	非
바탕 상	바 소	써 이	것 자	어찌 하	나 아	바탕 상	곧 즉	이 시	아닐 비
目 9획	戶 8획	人 5획	老 9획	亻 7획	戈 7획	目 9획	卩 9획	日 9획	非 8획
相	所	以	者	何	我	相	卽	是	非
相	所	以	者	何	我	相	卽	是	非
相	所	以	者	何	我	相	卽	是	非

[해설]

☞ 진리를 깨달은 사람은 相(상) 속에 있어도 상에 이끌림이 없다.

相	人	相	衆	生	相	壽	者	相	卽
바탕 상	사람 인	바탕 상	무리 중	날 생	바탕 상	목숨 수	사람 자	바탕 상	곧 즉
目 9획	人 2획	目 9획	血 12획	生 5획	目 9획	士 14획	老 9획	目 9획	卩 9획
相	人	相	衆	生	相	壽	者	相	卽
相	人	相	衆	生	相	壽	者	相	卽
相	人	相	衆	生	相	壽	者	相	卽

☞ 늘 맑고 여여한 진여의 마음속에서 생활하기 때문이다. 부처님은 그 어떤 욕망과 욕심에서 초연하신 분이다. 혼탁한 세상에 있어도 조금도 이끌림이 없는 것이다.

是	非	相	何	以	故	離	一	切	諸
이 시	아닐 비	바탕 상	어찌 하	써 이	까닭 고	떠날(이) 리	한 일	온통 체	모든 제
日 9획	非 8획	目 9획	亻 7획	人 5획	攵 9획	隹 19획	一 1획	刀 4획	言 16획
是	非	相	何	以	故	離	一	切	諸
是	非	相	何	以	故	離	一	切	諸
是	非	相	何	以	故	離	一	切	諸

☞ 一切相(일체상)을 여읜 분을 부처님이라고 한다.

相	卽	名	諸	佛	佛	告	須	菩	提
바탕 상	곧 즉	이름 명	모든 제	부처님 불	부처님 불	알릴 고	모름지기 수	보살 보	보리 리
目 9획	卩 9획	口 6획	言 16획	亻 7획	亻 7획	口 7획	頁 12획	艸(艹) 12획	扌 12획
相	卽	名	諸	佛	佛	告	須	菩	提
相	卽	名	諸	佛	佛	告	須	菩	提
相	卽	名	諸	佛	佛	告	須	菩	提

[해서]

▶ 佛告須菩提 如是如是 若復有人 得聞是經 不驚不怖不畏 當知是人 甚爲稀有(불고수보리 여시여시 약부유인 득문시경 불경불포불외 당지시인 심위희유) : 부처님께서 수보리에게 말씀하셨다."그렇다, 그렇다. 만약 다시 어떤 사람이 이 경을 얻어 듣고 놀라지도 않고 두려워하지도 겁내지도 않으면 이 사람은 매우 희유함을 마땅히 알라."

如	是	如	是	若	復	有	人	得	聞
갈을 여	이 시	갈을 여	이 시	만약 약	다시 부	있을 유	사람 인	얻을 득	들을 문
女 6획	日 9획	女 6획	日 9획	艸(++) 9획	彳 12획	月 6획	人 2획	彳 11획	耳 14획
如	是	如	是	若	復	有	人	得	聞
如	是	如	是	若	復	有	人	得	聞
如	是	如	是	若	復	有	人	得	聞

[해설]

☞ 진여의 마음은 상을 여읜 마음이다.

是	經	不	驚	不	怖	不	畏	當	知
이 시	경서 경	아닐 불	놀랄 경	아닐 불	두려울 포	아닐 불	겁낼 외	마땅할 당	알 지
日 9획	糸 13획	一 4획	馬 23획	一 4획	心(忄) 8획	一 4획	田 8획	田 13획	矢 8획
是	經	不	驚	不	怖	不	畏	當	知
是	經	不	驚	不	怖	不	畏	當	知
是	經	不	驚	不	怖	不	畏	當	知

☞ 가을 하늘처럼 티 한 점 없는 여여한 마음이다. 대부분의 사람은 욕망과 욕심과 아집으로 세상을 살아간다. 그렇게 사는 것이 업이 된 것이다. 더 많은 세월, 더 높은 명예 그리고 애욕에 물들어 있다. 그런 분들이 맑고 청정한 삶이라고 하는 부처님의 말씀을 인정하고 받아들인다면 부처님과 지중한 인연이 되어 반드시 성불하게 될 것이다.

是	人	甚	爲	希	有	何	以	故	須
이 시	사람 인	심할 심	이를 위	드물 희	있을 유	어찌 하	써 이	까닭 고	모름지기 수
日 9획	人 2획	甘 9획	爫 12획	巾 7획	月 6획	亻 7획	人 5획	攵 9획	頁 12획
是	人	甚	爲	希	有	何	以	故	須
是	人	甚	爲	希	有	何	以	故	須
是	人	甚	爲	希	有	何	以	故	須

[해석]

▶ 何以故 須菩提 如來 說第一波羅蜜 卽非第一波羅蜜 是名第一波羅蜜(하이고 수보리 여래 설제일바라밀 즉비제일바라밀 시명제일바라밀) : 무슨 까닭이냐, 수보리야. 여래가 제일바라밀이라 말한 것도 제일바라밀이 아니요, 그 이름이 제일바라밀이기 때문이니라.

菩	提	如	來	說	第	一	波	羅	蜜
보살 보	보리 리	같을 여	올 래	말씀 설	차례 제	한 일	물결(파)바	벌릴 라	꿀 밀
艸(++) 12획	扌 12획	女 6획	人 8획	言 14획	竹 11획	一 1획	氵 8획	罒 19획	虫 14획
菩	提	如	來	說	第	一	波	羅	蜜
菩	提	如	來	說	第	一	波	羅	蜜
菩	提	如	來	說	第	一	波	羅	蜜

[해설]

☞ 제일바라밀은 보시바라밀을 말하며, 신심이 청정하여 실상을 본 사람은 보시가 아닌 것이며, 베풀어도 베푼 바가 없고 받아도 받은 바가 없는 것이다.

卽	非	第	一	波	羅	蜜	是	名	第
곧 즉	아닐 비	차례 제	한 일	물결(파)바	벌릴 라	꿀 밀	이 시	이름 명	차례 제
卩 9획	非 8획	竹 11획	一 1획	氵 8획	罒 19획	虫 14획	日 9획	口 6획	竹 11획
卽	非	第	一	波	羅	蜜	是	名	第
卽	非	第	一	波	羅	蜜	是	名	第
卽	非	第	一	波	羅	蜜	是	名	第

☞ 바라밀은 저 언덕을 말하지만, 실상을 본 사람은 이 언덕 저 언덕이 따로 있는 것이 아니다. 자기 성품 가운데 佛性(불성)을 깨달은 사람은 어디에 머물든 다 정토가 되며, 마음 가운데 差別(차별) 관념이 무너져 있으니 이 언덕 저 언덕이 본래도 없는 것이다.

※ 波(바) : 한자음으로는"물결 파"로 발음한다.

一	波	羅	蜜	須	菩	提	忍	辱	波
한 일	바라밀 바	벌릴 라	꿀 밀	모름지기 수	보살 보	보리 리	참을 인	욕될 욕	바라밀 바
一 1획	氵 8획	罒 19획	虫 14획	頁 12획	艸(++) 12획	扌 12획	心 7획	辰 10획	氵 8획
一	波	羅	蜜	須	菩	提	忍	辱	波
一	波	羅	蜜	須	菩	提	忍	辱	波
一	波	羅	蜜	須	菩	提	忍	辱	波

[해석]

▶ 須菩提 忍辱波羅蜜 如來 說非忍辱波羅蜜 是名忍辱波羅蜜(수보리 인욕바라밀 여래 설비인욕바라밀 시명인욕바라밀) : 수보리야. 인욕바라밀도 여래가 설하기루는 인욕바라밀이 아니요, 그 이름이 인욕바라밀이니라.

羅	蜜	如	來	說	非	忍	辱	波	羅
벌릴 라	꿀 밀	같을 여	올 래	말씀 설	아닐 비	참을 인	욕될 욕	바라밀 바	벌릴 라
罒 19획	虫 14획	女 6획	人 8획	言 14획	非 8획	心 7획	辰 10획	氵 8획	罒 19획
羅	蜜	如	來	說	非	忍	辱	波	羅
羅	蜜	如	來	說	非	忍	辱	波	羅
羅	蜜	如	來	說	非	忍	辱	波	羅

[해설]

☞ 인욕바라밀은 욕됨을 참고 이기는 일이다. 힘들고 어려움을 억지로 참고 이기는 것이 아니라 어떤 어려움도 근본 마음 자리에는 늘 여여한 것이다.

蜜	是	名	忍	辱	波	羅	蜜	何	以
꿀 밀	이 시	이름 명	참을 인	욕될 욕	바라밀 바	벌릴 라	꿀 밀	어찌 하	써 이
虫 14획	日 9획	口 6획	心 7획	辰 10획	氵 8획	罒 19획	虫 14획	亻 7획	人 5획
蜜	是	名	忍	辱	波	羅	蜜	何	以
蜜	是	名	忍	辱	波	羅	蜜	何	以
蜜	是	名	忍	辱	波	羅	蜜	何	以

[해석]

▶ 何以故 須菩提 如我昔爲歌利王 割截身體(하이고 수보리 여이석위가리왕 할절신체)
: 어찌된 까닭이냐, 수보리야. 내가 옛적에 가리왕에게 신체를 베이고 끊음을 당하였음에도.

故	須	菩	提	如	我	昔	爲	歌	利
까닭 고	모름지기 수	보살 보	보리 리	같을 여	나 아	옛 석	할 위	노래 가	이로울 리
攴(攵) 9획	頁 12획	艸(艹) 12획	扌 12획	女 6획	戈 7획	日 8획	爫 12획	欠 14획	刀(刂) 7획
故	須	菩	提	如	我	昔	爲	歌	利
故	須	菩	提	如	我	昔	爲	歌	利
故	須	菩	提	如	我	昔	爲	歌	利

[해석]

▶ **我於爾時 無我相 無人相 無衆生相 無壽者相**(아어이시 무아상 무인상 무중생상 무수자상) : 나는 그때 아상이 없었고, 인상도 없었고, 중생상도 없었고, 수자상도 없었느니라.

王	割	截	身	體	我	於	爾	時	無
임금 왕	벨 할	끊을 절	몸 신	몸 체	나 아	어조사 어	그 이	때 시	없을 무
玉 4획	刀(刂) 12획	戈 14획	身 7획	骨 23획	戈 7획	方 8획	爻 14획	日 10획	火(灬) 12획
王	割	截	身	體	我	於	爾	時	無
王	割	截	身	體	我	於	爾	時	無
王	割	截	身	體	我	於	爾	時	無

[해설]

☞ 참는 것도 힘든 것을, 억지로 참는 것이 있고 참을 것도 없고 물들지도 않는 여여한 마음 가운데 머무는 것이 진정으로 참는 것이다. 자기라는 아상이 사라졌기 때문에 마음 자리에는 티끌 하나도 움직이지 않는 것이다.

我	相	無	人	相	無	衆	生	相	無
나 아	바탕 상	없을 무	사람 인	바탕 상	없을 무	무리 중	날 생	바탕 상	없을 무
戈 7획	目 9획	火(灬) 12획	人 2획	目 9획	火(灬) 12획	血 12획	生 5획	目 9획	火(灬) 12획
我	相	無	人	相	無	衆	生	相	無
我	相	無	人	相	無	衆	生	相	無
我	相	無	人	相	無	衆	生	相	無

스스로 어렵다는 생각
다 놓아 버리니
어디에도 물들지 않네
비바람 몰아쳐도
마음은 늘 파란 하늘...

壽	者	相	何	以	故	我	於	往	昔
목숨 수	사람 자	바탕 상	어찌 하	써 이	까닭 고	나 아	어조사 어	갈 왕	옛 석
士 14획	老 9획	目 9획	亻 7획	人 5획	攵 9획	戈 7획	方 8획	彳 8획	日 8획
壽	者	相	何	以	故	我	於	往	昔
壽	者	相	何	以	故	我	於	往	昔
壽	者	相	何	以	故	我	於	往	昔

[해석]

▶ **何以故 我於往昔節節支解時 若有我相人相衆生相壽者相**(하이고 아어왕석절절지해시 약유아상인상중생상수자상) : 왜냐하면 내가 지난 날, 마디 마디 사지를 찢길 때 만약 아상, 인상, 중생상, 수자상이 있었다면.

節	節	支	解	時	若	有	我	相	人
마디 절	마디 절	나누어질 지	쪼갤 해	때 시	만약 약	있을 유	나 아	바탕 상	사람 인
竹 15획	竹 15획	支 4획	角 13획	日 10획	艸(++) 9획	月 6획	戈 7획	目 9획	人 2획
節	節	支	解	時	若	有	我	相	人
節	節	支	解	時	若	有	我	相	人
節	節	支	解	時	若	有	我	相	人

[해석]

▶ **應生瞋恨**(응생진한) : 응당 성내고 원망하는 마음을 내었을 것이기 때문이니라.

相	衆	生	相	壽	者	相	應	生	瞋
바탕 상	무리 중	날 생	바탕 상	목숨 수	사람 자	바탕 상	응당 응	날 생	성낼 진
目 9획	血 12획	生 5획	目 9획	士 14획	老 9획	目 9획	心 17획	生 5획	目 15획
相	衆	生	相	壽	者	相	應	生	瞋
相	衆	生	相	壽	者	相	應	生	瞋
相	衆	生	相	壽	者	相	應	生	瞋

♧ 어리석은 사람이 다른 사람을 깔보고 헐뜯더라도 이에 성내거나 미워하지 않고 깔보고 헐뜯음의 근원이 어리석음에 있다는 것을 알려주는 것이 어진 사람이다.

「대장엄존경」

恨	須	菩	提	又	念	過	去	於	五
한할 한	모름지기 수	보살 보	보리 리	또 우	생각 념	지날 과	갈 거	어조사 어	다섯 오
心 10획	頁 12획	艸(艹) 12획	扌 12획	又 2획	心 8획	辶 13획	厶 5획	方 8획	二 4획
恨	須	菩	提	又	念	過	去	於	五
恨	須	菩	提	又	念	過	去	於	五
恨	須	菩	提	又	念	過	去	於	五

[해석]

▶ 須菩提 又念過去於五百世 作忍辱仙人 於爾所世(수보리 우념과거어오백세 작인욕선인 어이소세) : 수보리야, 또 생각하니 과거 오백세에 인욕선인이 되었던 그 세상에서도.

百	世	作	忍	辱	仙	人	於	爾	所
일백 백	세상 세	지을 작	참을 인	욕될 욕	신선 선	사람 인	어조사 어	그 이	곳 소
白 6획	一 5획	亻 7획	心 7획	辰 10획	亻 5획	人 2획	方 8획	爻 14획	戶 8획
百	世	作	忍	辱	仙	人	於	爾	所
百	世	作	忍	辱	仙	人	於	爾	所
百	世	作	忍	辱	仙	人	於	爾	所

[해석]

▶ 無我相 無人相 無衆生相 無壽者相(무아상 무인상 무중생상 무수자상) : 아상, 인상, 중생상이 없었고 수자상도 없었느니라.

世	無	我	相	無	人	相	無	衆	生
세상 세	없을 무	나 아	바탕 상	없을 무	사람 인	바탕 상	없을 무	무리 중	날 생
一 5획	火(灬) 12획	戈 7획	目 9획	火(灬) 12획	人 2획	目 9획	火(灬) 12획	血 12획	生 5획
世	無	我	相	無	人	相	無	衆	生
世	無	我	相	無	人	相	無	衆	生
世	無	我	相	無	人	相	無	衆	生

[해설]

☞ 부처님은 과거생에 인욕선인이었다. 인생을 사노라면 이유 없이 욕을 먹는 것 하나에도 화가 나게 마련인데, 미움과 원망심이 네 가지 相(상)에 이끌림이 없는 것은 가을 하늘처럼 맑고 청정하여 걸림이 없는 여여한 경지인 것이다.

相	無	壽	者	相	是	故	須	菩	提
바탕 상	없을 무	목숨 수	사람 자	바탕 상	이 시	까닭 고	모름지기 수	보살 보	보리 리
目 9획	火(灬) 12획	士 14획	老 9획	目 9획	日 9획	攵 9획	頁 12획	艸(艹) 12획	扌 12획
相	無	壽	者	相	是	故	須	菩	提
相	無	壽	者	相	是	故	須	菩	提
相	無	壽	者	相	是	故	須	菩	提

[해석]

▶ **是故 須菩提 菩薩應離一切相 發阿耨多羅三藐三菩提心**(시고 수보리 보살응리일체상 발아뇩다라삼먁삼보리심) : 그러므로 수보리야, 보살이 응당 일체 상을 여의고 부처님이 되고자 하는 마음(아뇩다라삼먁삼보리심)을 내야 한다.

菩	薩	應	離	一	切	相	發	阿	耨
보살 보	보살 살	응당 응	떠날 리	한 일	온통 체	바탕 상	일으킬 발	언덕 아	김맬(누) 뇩
艸(艹) 12획	艹 18획	心 17획	隹 19획	一 1획	刀 4획	目 9획	癶 12획	阝 8획	耒 16획
菩	薩	應	離	一	切	相	發	阿	耨
菩	薩	應	離	一	切	相	發	阿	耨
菩	薩	應	離	一	切	相	發	阿	耨

♧ 몸과 재산과 경계는 마음의 그림자에 지나지 않는다.

「방승경」

多	羅	三	藐	三	菩	提	心	不	應
많을 **다**	벌릴 **라**	석 **삼**	삼먁 **먁**	석 **삼**	보살 **보**	보리 **리**	마음 **심**	아닐 **불**	응당 **응**
夕 6획	罒 19획	一 3획	艸(++) 18획	一 3획	艸(++) 12획	扌 12획	心 4획	一 4획	心 17획
多	羅	三	藐	三	菩	提	心	不	應
多	羅	三	藐	三	菩	提	心	不	應
多	羅	三	藐	三	菩	提	心	不	應

[해석]

▶ 不應住色生心 不應住聲香味觸法生心 應生無所住心(불응주색생심 불응주성향미촉법생심 응생무소주심) : 응당 색에 머물러 마음을 내지 말며, 응당 소리나, 향기나, 맛이나, 감촉이나, 법에 머물러서 마음을 내지도 말며 응당 마음이 머무는 바 없이 내어야 한다.

住	色	生	心	不	應	住	聲	香	味
머무를 주	모양 색	날 생	마음 심	아닐 불	응당 응	머무를 주	소리 성	향기 향	맛 미
亻 7획	色 6획	生 5획	心 4획	一 4획	心 17획	亻 7획	耳 17획	香 9획	口 8획
住	色	生	心	不	應	住	聲	香	味
住	色	生	心	不	應	住	聲	香	味
住	色	生	心	不	應	住	聲	香	味

[육조]

☞ 만일 마음이 열반에 머무르면 이는 보살이 머물 곳이 아니다. 열반에도 머물지 아니하고, 제법에도 머물지 않으며, 그 어느 곳에도 머물지 않아야 바야흐로 보살이 머물 곳인 것이니, 위에서 설한 應無所住(응무소주)하야 而生基心(이생기심)이라 한 것이다.

觸	法	生	心	應	生	無	所	住	心
닿을 촉	법 법	날 생	마음 심	응당 응	날 생	없을 무	바 소	머무를 주	마음 심
角 7획	水(氵) 8획	生 5획	心 4획	心 17획	生 5획	火(灬) 12획	戶 8획	亻 7획	心 4획
觸	法	生	心	應	生	無	所	住	心
觸	法	生	心	應	生	無	所	住	心
觸	法	生	心	應	生	無	所	住	心

[해설]

☞ 보살은 온갖 상을 여의고 이끌림이 없다.

若	心	有	住	卽	爲	非	住	是	故
만약 약	마음 심	있을 유	머무를 주	곧 즉	이룰 위	아닐 비	머무를 주	이 시	까닭 고
艸(艹) 9획	心 4획	月 6획	亻 7획	卩 9획	爫 12획	非 8획	亻 7획	日 9획	攵 9획
若	心	有	住	卽	爲	非	住	是	故
若	心	有	住	卽	爲	非	住	是	故
若	心	有	住	卽	爲	非	住	是	故

[해석]

▶ 若心有住 卽爲非住 是故 佛說菩薩 心不應住色布施(약심유주 즉위비주 시고 불설보살 심불응주색보시) : 만약 마음에 머무는 바가 있다면 곧 올바른 머무름이 아닌 것이니, 이런 까닭으로 부처님께서 말씀하신 보살은 응당 색에 머물지 않고 보시를 행한다 하셨느니라.

佛	說	菩	薩	心	不	應	住	色	布
부처님 불	말씀 설	보살 보	보살 살	마음 심	아닐 불	응당 응	머무를 주	모양 색	베풀(포) 보
亻 7획	言 14획	艸(++) 12획	艸(++) 18획	心 4획	一 4획	心 17획	亻 7획	色 6획	巾 5획
佛	說	菩	薩	心	不	應	住	色	布
佛	說	菩	薩	心	不	應	住	色	布
佛	說	菩	薩	心	不	應	住	色	布

[해설]

☞ 마음을 깨달은 보살은 그 어딘가에 머물러 집착하지 않는다.

施	須	菩	提	菩	薩	爲	利	益	一
베풀 시	모름지기 수	보살 보	보리 리	보살 보	보살 살	위할 위	이로울이	더할 익	한 일
方 9획	頁 12획	艸(++) 12획	扌 12획	艸(++) 12획	艸(++) 18획	爫 12획	刀(刂) 7획	皿 10획	一 1획
施	須	菩	提	菩	薩	爲	利	益	一
施	須	菩	提	菩	薩	爲	利	益	一
施	須	菩	提	菩	薩	爲	利	益	一

[해석]

▶ 須菩提 菩薩 爲利益一切衆生 應如是布施 如來說一切諸相 卽是非相(수보리 보살 위이익일체중생 응여시보시 여래설일체제상 즉시비상) : 수보리야, 보살은 일체 중생의 이익을 위하여 응당 이와 같이 보시를 하나니 여래가 말한 일체의 모든 상도 곧 이상이 아니며.

切	衆	生	應	如	是	布	施	如	來
온통 체	무리 중	날 생	응당 응	같을 여	이 시	베플 보	베플 시	같을 여	올 래
刀 4획	血 12획	生 5획	心 17획	女 6획	日 9획	巾 5획	方 9획	女 6획	人 8획
切	衆	生	應	如	是	布	施	如	來
切	衆	生	應	如	是	布	施	如	來
切	衆	生	應	如	是	布	施	如	來

[해석]

▶ 又說一切衆生 卽非衆生(우설일체중생 즉비중생) : 또 말한 일체 중생도 곧 중생이 아니니라.

說	一	切	諸	相	卽	是	非	相	又
말씀 설	한 일	온통 체	모든 제	바탕 상	곧 즉	이 시	아닐 비	바탕 상	또 우
言 14획	一 1획	刀 4획	言 16획	目 9획	卩 9획	日 9획	非 8획	目 9획	又 2획
說	一	切	諸	相	卽	是	非	相	又
說	一	切	諸	相	卽	是	非	相	又
說	一	切	諸	相	卽	是	非	相	又

[해설]

☞ 중생과 부처는 본래가 한 모습이다. 마음을 깨달아서 實相(실상)을 알고 나면 그 나머지는 실상에서 일어난 그림자이기 때문이다.

說	一	切	衆	生	卽	非	衆	生	須
말씀 설	한 일	온통 체	무리 중	날 생	곧 즉	아닐 비	무리 중	날 생	모름지기 수
言 14획	一 1획	刀 4획	血 12획	生 5획	卩 9획	非 8획	血 12획	生 5획	頁 12획
說	一	切	衆	生	卽	非	衆	生	須
說	一	切	衆	生	卽	非	衆	生	須
說	一	切	衆	生	卽	非	衆	生	須

[해석]

▶ 須菩提 如來 是眞語者 實語者 如語者 不誑語者 不異語者(수보리 여래 시진어자 실어자 여어사 불광어사 불이어자) : 수보리야. 여래는 참다운 말을 하는 자며, 실다운 말을 하는 자며, 사실과 같이 말하는 자며, 거짓이 아닌 말을 하는 자며, 다르지 않은 말을 하는 자니라.

菩	提	如	來	是	眞	語	者	實	語
보살 보	보리 리	같을 여	올 래	이 시	참 진	말씀 어	사람 자	실상 실	말씀 어
艸(艹) 12획	扌 12획	女 6획	人 8획	日 9획	目 10획	言 14획	老 9획	宀 14획	言 14획
菩	提	如	來	是	眞	語	者	實	語
菩	提	如	來	是	眞	語	者	實	語
菩	提	如	來	是	眞	語	者	實	語

[해설]

☞ 집착하지 않는 삶, 상을 벗어난 삶이 참다운 삶이라는 사실을 부처님은 거듭 강조하고 있다. 그리고 진리의 말씀이 얼마나 소중하며 거짓이 아닌 참된 삶을 살라고 반복하여 말씀하시는 것이다. 우리는 부처님의 간절한 말씀을 믿고 배우고 실천할 수 있어야 성불의 거룩한 열매를 딸 수가 있다.

者	如	語	者	不	誑	語	者	不	異
사람 자	같을 여	말씀 어	사람 자	아닐 불	속일 광	말씀 어	사람 자	아닐 불	다를 이
老 9획	女 6획	言 14획	老 9획	一 4획	言 14획	言 14획	老 9획	一 4획	田 12획
者	如	語	者	不	誑	語	者	不	異
者	如	語	者	不	誑	語	者	不	異
者	如	語	者	不	誑	語	者	不	異

☞ 화엄경에서 믿음은 공덕의 어머니라고 한다. 중생이 부처님 세계에 이르는 길은 그 분의 가르침에 의해서 중생의 옷을 벗고 부처님이 된다는 사실을 믿는 것이다.

語	者	須	菩	提	如	來	所	得	法
말씀 어	사람 자	모름지기 수	보살 보	보리 리	같을 여	올 래	바 소	얻을 득	법 법
言 14획	老 9획	頁 12획	艸(++) 12획	扌 12획	女 6획	人 8획	戶 8획	彳 11획	水(氵) 8획
語	者	須	菩	提	如	來	所	得	法
語	者	須	菩	提	如	來	所	得	法
語	者	須	菩	提	如	來	所	得	法

[해석]

▶ 須菩提 如來所得法 此法 無實無虛(수보리 여래소득법 차법 무실무허) : 수보리야. 여래가 얻은 이 법은 참다움도 없고 헛됨도 없느니라.

[해설]

☞ 부처님께서 얻으신 법은 우주의 실상을 꿰뚫어 깨닫게 된 것이다.

此	法	無	實	無	虛	須	菩	提	若
이 차	법 법	없을 무	실상 실	없을 무	빌 허	모름지기 수	보살 보	보리 리	만약 약
止 6획	水(氵) 8획	火(灬) 12획	宀 14획	火(灬) 12획	虍 11획	頁 12획	艸(++) 12획	扌 12획	艸(++) 9획
此	法	無	實	無	虛	須	菩	提	若
此	法	無	實	無	虛	須	菩	提	若
此	法	無	實	無	虛	須	菩	提	若

[해석]

▶ 須菩提 若菩薩 心住於法 而行布施 如人 入闇 卽無所見(수보리 약보살 심주어법 이행보시 여인 입암 즉무소견) : 수보리야. 만약 보살이 마음을 법에 머물러 보시하면 사람이 어두운 곳에 들어감에 아무것도 보이는 바가 없는 것과 같고.

菩	薩	心	住	於	法	而	行	布	施
보살 보	보살 살	마음 심	머무를 주	어조사 어	법 법	말이을 이	행실 행	베풀 보	베풀 시
艸(++) 12획	艸(++) 18획	心 4획	亻 7획	方 8획	水(氵) 8획	而 6획	行 6획	巾 5획	方 9획
菩	薩	心	住	於	法	而	行	布	施
菩	薩	心	住	於	法	而	行	布	施
菩	薩	心	住	於	法	而	行	布	施

[해석]

▶ 若菩薩 心不住法 而行布施 如人 有目 日光明照 見種種色(약보살 심부주법 이행보시 여인 유목 일광명조 견종종색) : 만약 보살이 마음을 법에 머물지 않고 보시하면 사람이 눈도 있고 햇빛도 밝게 비쳐서 여러 가지 사물을 보는 것과 같으니라.

如	人	入	闇	卽	無	所	見	若	菩
같을 여	사람 인	들 입	어두울 암	곧 즉	없을 무	바 소	볼 견	만약 약	보살 보
女 6획	人 2획	入 2획	門 17획	卩 9획	火(灬) 12획	戶 8획	見 7획	艸(++) 9획	艸(++) 12획
如	人	入	闇	卽	無	所	見	若	菩
如	人	入	闇	卽	無	所	見	若	菩
如	人	入	闇	卽	無	所	見	若	菩

[해설]

☞ 유주상보시와 무주상보시 공덕에 대한 차이점은 마음을 법에 머물러 보시를 행한다면 조건이 붙는다는 것이다

薩	心	不	住	法	而	行	布	施	如
보살 살	마음 심	아닐 부	머무를 주	법 법	말이을이	행할 행	베풀 보	베풀 시	같을 여
艸(++) 18획	心 4획	一 4획	亻 7획	水(氵) 8획	而 6획	行 6획	巾 5획	方 9획	女 6획
薩	心	不	住	法	而	行	布	施	如
薩	心	不	住	法	而	行	布	施	如
薩	心	不	住	法	而	行	布	施	如

☞ 어떤 틀을 정하고 대가를 바라는 마음이 있다면 유주상보시가 된다. 그러나 법에 머물지 않고 보시를 행하는 사람은 차별 없는 마음이 된다. 차별없는 마음은 그 어느 곳에도 속박 없는 청정한 마음인 것이다.

人	有	目	日	光	明	照	見	種	種
사람 인	있을 유	눈 목	날 일	빛 광	밝을 명	비칠 조	볼 견	종류 종	종류 종
人 2획	月 6획	目 5획	日 4획	儿 6획	日 8획	灬 13획	見 7획	禾 14획	禾 14획
人	有	目	日	光	明	照	見	種	種
人	有	目	日	光	明	照	見	種	種
人	有	目	日	光	明	照	見	種	種

☞ 한정이 있는 중생의 마음이 한정 없는 부처님 마음과 비교될 수 없는 것이다. 부처님은 거듭 무주상보시의 공덕이 소중함을 일깨워 준다.

色	須	菩	提	當	來	之	世	若	有
모양 색	모름지기 수	보살 보	보리 리	마땅할 당	올 래	어조사 지	세상 세	만약 약	있을 유
色 6획	頁 12획	艸(艹) 12획	扌 12획	田 13획	人 8획	ノ 4획	一 5획	艸(艹) 9획	月 6획
色	須	菩	提	當	來	之	世	若	有
色	須	菩	提	當	來	之	世	若	有
色	須	菩	提	當	來	之	世	若	有

[해석]

▶ 須菩提 當來之世 若有善男子善女人 能於此經 受持讀誦(수보리 당래지세 약유선남자 선여인 능어차경 수지독송) : 수보리야. 미래 세상에서 만약 어떤 선남자 선여인이 능히 이 경을 받아 지니고 읽고 외우면.

善	男	子	善	女	人	能	於	此	經
착할 선	사내 남	아들 자	착할 선	계집 여	사람 인	능할 능	어조사 어	이 차	경서 경
口 12획	田 7획	子 3획	口 12획	女 3획	人 2획	肉(月) 10획	方 8획	止 6획	糸 13획
善	男	子	善	女	人	能	於	此	經
善	男	子	善	女	人	能	於	此	經
善	男	子	善	女	人	能	於	此	經

[해석]

▶ 卽爲如來 以佛智慧 悉知是人 悉見是人. 皆得成就無量無邊功德(즉위여래 이불지혜 실지시인 실견시인 개득성취무량무변공덕) : 곧 여래가 부처의 지혜로써 이 사람을 다 알며, 이 사람을 다 보아서 모두 한량 없고 끝없는 공덕을 성취하게 되느니라.

受	持	讀	誦	卽	爲	如	來	以	佛
받을 수	가질 지	읽을 독	외울 송	곧 즉	할 위	같을 여	올 래	써 이	부처님 불
又 8획	扌 9획	言 22획	言 14획	卩 9획	爫 12획	女 6획	人 8획	人 5획	亻 7획
受	持	讀	誦	卽	爲	如	來	以	佛
受	持	讀	誦	卽	爲	如	來	以	佛
受	持	讀	誦	卽	爲	如	來	以	佛

[해설]

☞ 부처님의 해맑은 지혜는 마치 햇빛과 같은 것이다.

智	慧	悉	知	是	人	悉	見	是	人
지혜 지	지혜 혜	다 실	알 지	이 시	사람 인	다 실	볼 견	이 시	사람 인
日 12획	心 15획	心 11획	矢 8획	日 9획	人 2획	心 11획	見 7획	日 9획	人 2획
智	慧	悉	知	是	人	悉	見	是	人
智	慧	悉	知	是	人	悉	見	是	人
智	慧	悉	知	是	人	悉	見	是	人

☞ 중생의 탐욕과 분별과 시비로 얼룩져 있는 중생의 안목은 부처님과 비교하면 희미한 등잔불과 같다. 마치 거울 앞에 서면 거울에 모든 것이 다 비치어 나타나는 것처럼 모습 그대로를 속일 수가 없다. 부처님께서는 중생의 마음과 행동, 그 모두를 보고 있다.

皆	得	成	就	無	量	無	邊	功	德
다 개	얻을 득	이룰 성	이룰 취	없을 무	헤아릴 량	없을 무	가 변	공 공	은혜 덕
白 9획	彳 11획	戈 7획	尢 12획	火(灬) 12획	里 12획	火(灬) 12획	辶 19획	力 5획	彳 15획
皆	得	成	就	無	量	無	邊	功	德
皆	得	成	就	無	量	無	邊	功	德
皆	得	成	就	無	量	無	邊	功	德

☞ 남이 보지 않는 어두운 곳에서 행동하는 모든 것들을 자기 자신에게는 속일 수가 없는 것처럼 부처님도 속일 수가 없는 것이다. 그러니 부처님의 가르침대로 맑고 밝게 연꽃처럼 살아가야 한다.

持	經	功	德	分	第	十	五	須	菩
가질 지	경서 경	공 공	은혜 덕	나눌 분	차례 제	열 십	다섯 오	모름지기 수	보살 보
扌 9획	糸 13획	力 5획	彳 15획	刀 4획	竹 11획	十 2획	二 4획	頁 12획	艸(++) 12획
持	經	功	德	分	第	十	五	須	菩
持	經	功	德	分	第	十	五	須	菩
持	經	功	德	分	第	十	五	須	菩

第十五 持經功德分(제15 지경공덕분) : 금강경을 지니는 공덕.

提	若	有	善	男	子	善	女	人	初
보리 리	만약 약	있을 유	착할 선	사내 남	아들 자	착할 선	계집 녀	사람 인	처음 초
扌 12획	艸(艹) 9획	月 6획	口 12획	田 7획	子 3획	口 12획	女 3획	人 2획	刀 7획
提	若	有	善	男	子	善	女	人	初
提	若	有	善	男	子	善	女	人	初
提	若	有	善	男	子	善	女	人	初

[해석]

▶ 須菩提 若有善男子善女人 初日分 以恒河沙等身 布施(수보리 약유선남자선여인 초일분 이항하사등신 보시) : 수보리야. 만약에 어떤 선남자 선여인이 아침에 항하의 모래알과 같은 몸으로 보시하고.

日	分	以	恒	河	沙	等	身	布	施
날 일	나눌 분	써 이	항상 항	물 하	모래 사	무리 등	몸 신	베풀 보	베풀 시
日 4획	刀 4획	人 5획	忄 9획	氵 8획	氵 7획	竹 12획	身 7획	巾 5획	方 9획
日	分	以	恒	河	沙	等	身	布	施
日	分	以	恒	河	沙	等	身	布	施
日	分	以	恒	河	沙	等	身	布	施

[해석]

▶ 中日分 復以恒河沙等身 布施 後日分 亦以恒河沙等身 布施(중일분 부이항하사등신 보시 후일분 역이항하사등신 보시) : 낮에 다시 항하의 모래알과 같은 몸으로 보시하며, 다시 저녁에도 또한 항하의 모래알과 같은 몸으로 보시하여.

中	日	分	復	以	恒	河	沙	等	身
가운데 중	날 일	나눌 분	다시 부	써 이	항상 항	물 하	모래 사	무리 등	몸 신
丨 4획	日 4획	刀 4획	彳 12획	人 5획	心(忄) 9획	水(氵) 8획	氵 7획	竹 12획	身 7획
中	日	分	復	以	恒	河	沙	等	身
中	日	分	復	以	恒	河	沙	等	身
中	日	分	復	以	恒	河	沙	等	身

[해석]

▶ **如是無量百千萬億劫 以身布施 若復有人 聞此經典**(여시무량백천만억겁 이신보시 약부유인 문차경전) : 이와 같이 한량 없는 백천만억 겁 동안을 몸으로 보시하더라도, 만약 또 어떤 사람이 이 경전을 듣고 믿는 마음이 거슬리지 않으면.

布	施	後	日	分	亦	以	恒	河	沙
베플 보	베플 시	뒤 후	날 일	나눌 분	또 역	써 이	항상 항	강이름 하	모래 사
巾 5획	方 9획	彳 9획	日 4획	刀 4획	亠 6획	人 5획	心(忄) 9획	水(氵) 8획	7획
布	施	後	日	分	亦	以	恒	河	沙
布	施	後	日	分	亦	以	恒	河	沙
布	施	後	日	分	亦	以	恒	河	沙

[해석]

▶ 信心不逆 其福 勝彼 何況書寫受持讀誦 爲人解說(신심불역 기복 승피 하황서사수지독송 위인해설) : 그 복이 저 몸을 보시한 복보다 수승할 것이니, 하물며 경을 쓰고 받아 지니며 읽고 외워서 남을 위해 해설해 줌은 말할 것이 있겠느냐.

等	身	布	施	如	是	無	量	百	千
무리 등	몸 신	베풀 보	베풀 시	같을 여	이 시	없을 무	헤아릴 량	일백 백	일천 천
竹 12획	身 7획	巾 5획	方 9획	女 6획	日 9획	火(灬) 12획	里 12획	白 6획	十 3획
等	身	布	施	如	是	無	量	百	千
等	身	布	施	如	是	無	量	百	千
等	身	布	施	如	是	無	量	百	千

[해설]

☞ 금강경은 부처님의 말씀이 기록된 경전이다. 금강경의 진리 말씀이 곧 부처님이신 것이다. 부처님의 가르침을 통해서 우리는 어리석음에서 벗어나 부처님 마음으로 돌아가게 되는 것이다. 그러므로 경전을 지니는 공덕은 말로 다할 수가 없는 것이다.

萬	億	劫	以	身	布	施	若	復	有
일만 만	억 억	겁 겁	써 이	몸 신	베풀 보	베풀 시	만약 약	다시 부	있을 유
++ 13획	亻 15획	力 7획	人 5획	身 7획	巾 5획	方 9획	艸(++) 9획	彳 12획	月 6획
萬	億	劫	以	身	布	施	若	復	有
萬	億	劫	以	身	布	施	若	復	有
萬	億	劫	以	身	布	施	若	復	有

☞ 모든 경전은 부처님의 참다운 가르침이다. 참다운 가르침은 중생의 잘못된 가치관을 바꾸어 부처님 마음으로 이끌어 준다. 경전은 곧 부처님이고 우리의 스승이다. 경전을 부처님 모시듯 모시고 내용 하나하나를 부처님의 가르침으로 깊이 새겨 경전의 말씀대로 이해하고 실천하는 삶이 진리의 길을 살아가는 모습이다.

人	聞	此	經	典	信	心	不	逆	其
사람 인	들을 문	이 차	경서 경	책 전	믿을 신	마음 심	아닐 불	거스릴 역	그 기
人 2획	耳 14획	止 6획	糸 13획	八 8획	亻 9획	心 4획	一 4획	辶 10획	八 8획
人	聞	此	經	典	信	心	不	逆	其
人	聞	此	經	典	信	心	不	逆	其
人	聞	此	經	典	信	心	不	逆	其

♧ 보살에게는 무진한 보시법문이 있으니 바라밀을 수행하는 것이 무진이다.

「방등경」

福	勝	彼	何	況	書	寫	受	持	讀
복 복	나을 승	저 피	어찌 하	하물며 황	쓸 서	베낄 사	받을 수	가질 지	읽을 독
示 14획	力 12획	彳 8획	亻 7획	水(氵) 8획	曰 10획	宀 15획	又 8획	扌 9획	言 22획
福	勝	彼	何	況	書	寫	受	持	讀
福	勝	彼	何	況	書	寫	受	持	讀
福	勝	彼	何	況	書	寫	受	持	讀

진여의 마음을 깨달은 자가
부처님이다.
진여의 자리 빨갛다 파랗다 노랗다 검다 희다
논하지 마라
때로는
검기도 희기도 누렇기도 한 것이다

誦	爲	人	解	說	須	菩	提	以	要
외울 송	위할 위	사람 인	풀 해	말씀 설	모름지기 수	보살 보	보리 리	써 이	언약할 요
言 14획	爫 12획	人 2획	角 13획	言 14획	頁 12획	艸(++) 12획	扌 12획	人 5획	襾 9획
誦	爲	人	解	說	須	菩	提	以	要
誦	爲	人	解	說	須	菩	提	以	要
誦	爲	人	解	說	須	菩	提	以	要

[해석]

▶ 須菩提 以要言之 是經 有不可思議不可稱量無邊功德(수보리 이요언지 시경 유불가사의불가칭량무변공덕) : 수보리야. 중요한 것을 말하자면, 이 경은 생각할 수도 없고 말할 수도 없는 끝없는 공덕이 있느니라.

言	之	是	經	有	不	可	思	議	不
말씀 언	어조사 지	이 시	경서 경	있을 유	아닐 불	가히 가	생각 사	의논할 의	아닐 불
言 7획	ノ 4획	日 9획	糸 13획	月 6획	一 4획	口 5획	心 9획	言 20획	一 4획
言	之	是	經	有	不	可	思	議	不
言	之	是	經	有	不	可	思	議	不
言	之	是	經	有	不	可	思	議	不

[해설]

☞ 금강경을 지니는 공덕은 가히 말로써 표현할 수 없다고 부처님은 거듭 강조한다.
涅槃妙心(열반묘심)을 증득하게 하고, 불생불멸에 이르게 하며, 無漏(무루)복이 되기 때문에 그 어떤 것으로도 금강경의 말씀과는 비교할 수 없는 것이다.

※ 無漏(무루) : 번뇌에서 벗어나거나 번뇌가 없음을 말한다.

可	稱	量	無	邊	功	德	如	來	爲
가히 가	저울질할 칭	헤아릴 량	없을 무	가 변	공 공	은혜 덕	같을 여	올 래	위할 위
口 5획	禾 14획	里 12획	火(灬) 12획	辶 19획	力 5획	彳 15획	女 6획	人 8획	爫 12획
可	稱	量	無	邊	功	德	如	來	爲
可	稱	量	無	邊	功	德	如	來	爲
可	稱	量	無	邊	功	德	如	來	爲

[해석]

▶ 如來 爲發大乘者說 爲發最上乘者說(여래 위발대승자설 위발최상승자설) : 이 경전은 여래가 대승을 발심한 자를 위하여 설한 것이요, 최상승을 발심한 자를 위하여 설한 것이니라.

發	大	乘	者	說	爲	發	最	上	乘
일으킬 발	큰 대	탈 승	사람 자	말씀 설	위할 위	일으킬 발	가장 최	위 상	탈 승
癶 12획	大 3획	ノ 10획	老 9획	言 14획	爫 12획	癶 12획	日 12획	一 3획	ノ 10획
發	大	乘	者	說	爲	發	最	上	乘
發	大	乘	者	說	爲	發	最	上	乘
發	大	乘	者	說	爲	發	最	上	乘

[해설]

☞ 금강경은 대승심을 발심한 사람을 위해서 부처님께서 설법을 하신다고 한 것이다. 대승심은 곧 대자비의 마음이다.

者	說	若	有	人	能	受	持	讀	誦
사람 자	말씀 설	만약 약	있을 유	사람 인	능할 능	받을 수	가질 지	읽을 독	외울 송
老 9획	言 14획	艸(艹) 9획	月 6획	人 2획	肉(月) 10획	又 8획	扌 9획	言 22획	言 14획
者	說	若	有	人	能	受	持	讀	誦
者	說	若	有	人	能	受	持	讀	誦
者	說	若	有	人	能	受	持	讀	誦

[해석]

▶ **若有人 能受持讀誦 廣爲人說**(약유인 능수지독송 광위인설) : 만약 어떤 사람이 능히 이 경을 받아 지니고 읽고 외우며 널리 사람들을 위하여 설한다면.

廣	爲	人	說	如	來	悉	知	是	人
넓을 **광**	위할 **위**	사람 **인**	말씀 **설**	같을 **여**	올 **래**	다 **실**	알 **지**	이 **시**	사람 **인**
广 15획	爫 12획	人 2획	言 14획	女 6획	人 8획	心 11획	矢 8획	日 9획	人 2획
廣	爲	人	說	如	來	悉	知	是	人
廣	爲	人	說	如	來	悉	知	是	人
廣	爲	人	說	如	來	悉	知	是	人

[해석]

▶ 如來 悉知是人 悉見是人(여래 실지시인 실견시인) : 여래는 이 사람을 모두 알며 이 사람을 모두 보나니

悉	見	是	人	皆	得	成	就	不	可
다 실	볼 견	이 시	사람 인	다 개	얻을 득	이룰 성	이룰 취	아닐 불	가히 가
心 11획	見 7획	日 9획	人 2획	白 9획	彳 11획	戈 7획	尢 12획	一 4획	口 5획
悉	見	是	人	皆	得	成	就	不	可
悉	見	是	人	皆	得	成	就	不	可
悉	見	是	人	皆	得	成	就	不	可

[해석]

▶ **皆得成就 不可量不可稱 無有邊不可思 議功德**(개득성취 불가량불가칭 무유변불가사의공덕) : 이 사람은 헤아릴 수 없고 말할 수 없으며 끝이 없고 생각할 수 없는 공덕을 모두 성취하게 되리라.

量	不	可	稱	無	有	邊	不	可	思
헤아릴 량	아닐 불	가히 가	저울질할 칭	없을 무	있을 유	가 변	아닐 불	가히 가	생각 사
里 12획	一 4획	口 5획	禾 14획	火(灬) 12획	月 6획	辶 19획	一 4획	口 5획	心 9획
量	不	可	稱	無	有	邊	不	可	思
量	不	可	稱	無	有	邊	不	可	思
量	不	可	稱	無	有	邊	不	可	思

[해석]

▶ 如是人等 卽爲荷擔 如來 阿耨多羅三藐三菩提(여시인등 즉위하담 여래 아뇩다라삼먁삼보리) : 이런 사람은 곧 여래의 위 없는 바른 깨달음(아뇩다라삼먁삼보리)을 짊어짐이 되느니라.

議	功	德	如	是	人	等	卽	爲	荷
의논할 의	공 공	은혜 덕	같을 여	이 시	사람 인	무리 등	곧 즉	이룰 위	짐질 하
言 20획	力 5획	彳 15획	女 6획	日 9획	人 2획	竹 12획	卩 9획	爫 12획	艹 11획
議	功	德	如	是	人	等	卽	爲	荷
議	功	德	如	是	人	等	卽	爲	荷
議	功	德	如	是	人	等	卽	爲	荷

[해설]

☞ 경전을 받아 지니고 읽고 외우고 남을 위해서 설해 줄 수 있다면 이 사람은 곧 부처님의 가르침을 가장 잘 실천하는 일이며 끝없는 공덕을 성취하는 길이다.

擔	如	來	阿	耨	多	羅	三	藐	三
멜 **담**	같을 **여**	올 **래**	언덕 **아**	아뇩다라 **뇩**	많을 **다**	벌릴 **라**	석 **삼**	삼먁 **먁**	석 **삼**
扌 16획	女 6획	人 8획	阝 8획	耒 16획	夕 6획	罒 19획	一 3획	艸(艹) 18획	一 3획
擔	如	來	阿	耨	多	羅	三	藐	三
擔	如	來	阿	耨	多	羅	三	藐	三
擔	如	來	阿	耨	多	羅	三	藐	三

☞ 부처님의 안목은 중생의 안목과는 비교할 수 없다. 부처님은 삼천 대천 세계를 꿰뚫어 볼 수 있는 능력이 있으며, 중생의 마음속을 다 꿰뚫어 본다는 뜻이다.

菩	提	何	以	故	須	菩	提	若	樂
보살 보	보리 리	어찌 하	써 이	까닭 고	모름지기 수	보살 보	보리 리	만약 약	좋아할 요
艸(++) 12획	扌 12획	亻 7획	人 5획	攵 9획	頁 12획	艸(++) 12획	扌 12획	艸(++) 9획	木 15획
菩	提	何	以	故	須	菩	提	若	樂
菩	提	何	以	故	須	菩	提	若	樂
菩	提	何	以	故	須	菩	提	若	樂

[해석]

▶ 何以故 須菩提 若樂小法者 着我見人見衆生見壽者見(하이고 수보리 약요소법자 착아견인 견중생견수자견) : 무슨 까닭인가, 수보리야. 만약 작은 법을 좋아하는 자는 아견, 인견, 중생견, 수자견에 집착하게 되므로.

小	法	者	着	我	見	人	見	衆	生
작을 소	법 법	사람 자	붙을 착	나 아	볼 견	사람 인	볼 견	무리 중	날 생
小 3획	水(氵) 8획	老 9획	目 11획	戈 7획	見 7획	人 2획	見 7획	血 12획	生 5획
小	法	者	着	我	見	人	見	衆	生
小	法	者	着	我	見	人	見	衆	生
小	法	者	着	我	見	人	見	衆	生

[해석]

▶ **卽於此經 不能聽受讀誦 爲人解說**(즉어차경 불능청수독송 위인해설) : 곧 이 경을 능히 받아 듣고 읽고 외우며 남을 위해서 해설하지 못하느니라.

見	壽	者	見	卽	於	此	經	不	能
볼 견	목숨 수	사람 자	볼 견	곧 즉	어조사 어	이 차	경서 경	아닐 불	능할 능
見 7획	士 14획	老 9획	見 7획	卩 9획	方 8획	止 6획	糸 13획	一 4획	肉(月) 10획
見	壽	者	見	卽	於	此	經	不	能
見	壽	者	見	卽	於	此	經	不	能
見	壽	者	見	卽	於	此	經	不	能

[해설]

☞ 작은 법을 좋아하는 자라는 것은 자기만의 행복을 위해서 수행하는 소승교를 말한다.

聽	受	讀	誦	爲	人	解	說	須	菩
들을 청	받을 수	읽을 독	외울 송	위할 위	사람 인	풀 해	말씀 설	모름지기 수	보살 보
耳 22획	又 8획	言 22획	言 14획	爫 12획	人 2획	角 13획	言 14획	頁 12획	艸(++) 12획
聽	受	讀	誦	爲	人	解	說	須	菩
聽	受	讀	誦	爲	人	解	說	須	菩
聽	受	讀	誦	爲	人	解	說	須	菩

[해석]

▶ 須菩提 在在處處 若有此經(수보리 재재처처 약유차경) : 수보리야. 어느 곳이든지 만약 이 경이 있는 곳이면.

提	在	在	處	處	若	有	此	經	一
보리 리	있을 재	있을 재	곳 처	곳 처	만약 약	있을 유	이 차	경서 경	한 일
扌 12획	土 6획	土 6획	虍 11획	虍 11획	艸(艹) 9획	月 6획	止 6획	糸 13획	一 1획
提	在	在	處	處	若	有	此	經	一
提	在	在	處	處	若	有	此	經	一
提	在	在	處	處	若	有	此	經	一

[해석]

▶ 一切世間天人阿修羅 所應供養(일체세간천인아수라 소응공양) : 일체 세간의 천상과 인간과 아수라 등이 응당 공양하게 될 것이니.

切	世	間	天	人	阿	修	羅	所	應
온통 체	세상 세	사이 간	하늘 천	사람 인	언덕 아	닦을 수	벌릴 라	바 소	응당 응
刀 4획	一 5획	門 12획	大 4획	人 2획	阝 8획	亻 10획	罒 19획	戶 8획	心 17획
切	世	間	天	人	阿	修	羅	所	應
切	世	間	天	人	阿	修	羅	所	應
切	世	間	天	人	阿	修	羅	所	應

[해석]

▶ 當知此處 卽爲是塔 皆應恭敬作禮圍繞 以諸華香 而散其處(당지차처 즉위시탑 개응공경작례위요 이제화향 이산기처) : 그곳은 탑이 됨을 마땅히 알라. 모두가 공경하고 예배하고 돌면서 여러 가지 꽃과 향을 그곳에 흩으리라.

供	養	當	知	此	處	卽	爲	是	塔
받들 공	봉양할 양	마땅할 당	알 지	이 차	곳 처	곧 즉	이룰 위	이 시	탑 탑
亻 8획	食 15획	田 13획	矢 8획	止 6획	虍 11획	卩 9획	爫 12획	日 9획	土 13획
供	養	當	知	此	處	卽	爲	是	塔
供	養	當	知	此	處	卽	爲	是	塔
供	養	當	知	此	處	卽	爲	是	塔

[해설]

☞ 금강경은 경 그대로 부처님인 것이다. 부처님의 진리의 말씀이 담겨 있기 때문에 부처님처럼 공경하고 모셔야 한다.

皆	應	恭	敬	作	禮	圍	繞	以	諸
다 개	응당 응	공손할 공	공경할 경	지을 작	예도(례) 예	에워쌀 위	둘릴 요	써 이	모든 제
白 9획	心 17획	心 10획	攵 13획	亻 7획	示 18획	囗 12획	糸 18획	人 5획	言 16획
皆	應	恭	敬	作	禮	圍	繞	以	諸
皆	應	恭	敬	作	禮	圍	繞	以	諸
皆	應	恭	敬	作	禮	圍	繞	以	諸

☞ 우리 인간뿐만 아니라 천상과 아수라 등도 응당 공양을 올리게 된다는 것이다. 부처님 入滅(입멸) 후 얼마 동안은 불상을 모시는 것보다 부처님 진신사리를 탑 속에 봉안하고 모신 다음, 그 탑에 부처님처럼 공양을 올리고 예배를 올렸다. 금강경을 읽고 외우고 남을 위해 설해 주는 공덕은 탑을 공경하는 것보다 더 소중한 것이다.

華	香	而	散	其	處	能	淨	業	障
꽃 화	향기 향	말이을 이	흩어질 산	그 기	곳 처	능할 능	깨끗할 정	일 업	막힐 장
艹 12획	禾 9획	而 6획	攵 12획	八 8획	虍 11획	肉(月) 10획	氵 11획	木 13획	阝 14획
華	香	而	散	其	處	能	淨	業	障
華	香	而	散	其	處	能	淨	業	障
華	香	而	散	其	處	能	淨	業	障

마음 맑고 여여해서
흐르는 물처럼 맑다
때로는 큰 소리
때로는 작은 소리
시냇물은 졸졸졸 흘러간다

分	第	十	六	復	次	須	菩	提	善
나눌 분	차례 제	열 십	여섯 육	다시 부	차례 차	모름지기 수	보살 보	보리 리	착할 선
刀 4획	竹 11획	十 2획	八 4획	彳 12획	欠 6획	頁 12획	艸(艹) 12획	扌 12획	口 12획
分	第	十	六	復	次	須	菩	提	善
分	第	十	六	復	次	須	菩	提	善
分	第	十	六	復	次	須	菩	提	善

第十六 能淨業障分(제16 능정업장분) : 능히 업장을 깨끗이 함.

男	子	善	女	人	受	持	讀	誦	此
사내 남	아들 자	착할 선	계집 여	사람 인	받을 수	가질 지	읽을 독	외울 송	이 차
田 7획	子 3획	口 12획	女 3획	人 2획	又 8획	扌 9획	言 22획	言 14획	止 6획
男	子	善	女	人	受	持	讀	誦	此
男	子	善	女	人	受	持	讀	誦	此
男	子	善	女	人	受	持	讀	誦	此

[해석]

▶ 復次須菩提(부차수보리) : 다시 수보리야.

經	若	爲	人	輕	踐	是	人	先	世
경서 경	만약 약	할 위	사람 인	업신여길경	밟을 천	이 시	사람 인	먼저 선	세상 세
糸 13획	艸(艹) 9획	爫 12획	人 2획	車 14획	足 15획	日 9획	人 2획	儿 6획	一 5획
經	若	爲	人	輕	踐	是	人	先	世
經	若	爲	人	輕	踐	是	人	先	世
經	若	爲	人	輕	踐	是	人	先	世

[해석]

▶ 善男子善女人 受持讀誦此經 若爲人輕賤(선남자선여인 수지독송차경 약위인경천)

: 선남자 선여인이 이 경을 받아 지니고 읽고 외우더라도 만약 다른 사람으로부터 업신여김을 당한다면.

罪	業	應	墮	惡	道	以	今	世	人
허물 죄	일 업	응당 응	떨어질 타	악할 악	이치 도	써 이	이제 금	세상 세	사람 인
罒 13획	木 13획	心 17획	土 15획	心 12획	辶 13획	人 5획	人 4획	一 5획	人 2획
罪	業	應	墮	惡	道	以	今	世	人
罪	業	應	墮	惡	道	以	今	世	人
罪	業	應	墮	惡	道	以	今	世	人

[해석]

▶ 是人 先世罪業 應墮惡道(시인 선세죄업 응타악도) : 이 사람은 전생에 지은 죄업으로 인해 응당 악도에 떨어질 것이지만.

輕	賤	故	先	世	罪	業	卽	爲	消
경멸할 **경**	천할 **천**	연고 **고**	먼저 **선**	인간 **세**	허물 **죄**	일 **업**	곧 **즉**	할 **위**	사라질 **소**
車 14획	貝 15획	攵 9획	儿 6획	一 5획	罒 13획	木 13획	卩 9획	爫 12획	水(氵) 10획
輕	賤	故	先	世	罪	業	卽	爲	消
輕	賤	故	先	世	罪	業	卽	爲	消
輕	賤	故	先	世	罪	業	卽	爲	消

[해석]

▶ **以今世人 輕賤故 先世罪業 卽爲消滅 當得阿耨多羅三藐三菩提**(이금세인 경천고 선세 죄업 즉위소멸 당득아뇩다라삼먁삼보리) : 금생에 사람들로부터 업신여김을 당하는 까닭으로 전생의 죄업이 모두 소멸되고 마땅히 위 없는 바른 깨달음(아뇩다라삼먁삼보리)을 얻으리라.

滅	當	得	阿	耨	多	羅	三	藐	三
멸할 멸	마땅 당	얻을 득	언덕 아	아녹다라 녹	많을 다	벌릴 라	석 삼	삼막 막	석 삼
水(氵) 13획	田 13획	彳 11획	阝 8획	耒 16획	夕 6획	罒 19획	一 3획	艸(艹) 18획	一 3획
滅	當	得	阿	耨	多	羅	三	藐	三
滅	當	得	阿	耨	多	羅	三	藐	三
滅	當	得	阿	耨	多	羅	三	藐	三

[해설]

☞ 三業(삼업)을 맑고 청정하게 하면 자신의 맑고 깨끗한 심성을 了達(요달)할 수가 있는 것이다. 업장은 스스로 지은 것이다. 업장이 많으면 인생을 살아가는 데 힘들고 어려운 일들이 밀려오게 된다. 그와 반대로 업장을 깨끗하게 해서 마음이 맑고 고요해지면 언제나 좋은 일만 다가오게 되는 것이다.

菩	提	須	菩	提	我	念	過	去	無
보살 보	보리 리	모름지기 수	보살 보	보리 리	나 아	생각 념	지낼 과	갈 거	없을 무
艸(++) 12획	扌 12획	頁 12획	艸(++) 12획	扌 12획	戈 7획	心 8획	辶 13획	厶 5획	火(灬) 12획
菩	提	須	菩	提	我	念	過	去	無
菩	提	須	菩	提	我	念	過	去	無
菩	提	須	菩	提	我	念	過	去	無

[해석]

▶ 須菩提 我念過去無量阿僧祇劫(수보리 아념과거무량아승지겁) : 수보리야. 내가 과거 한량 없는 아승지겁을 생각하니.

量	阿	僧	祇	劫	於	燃	燈	佛	前
헤아릴 량	언덕 아	승려 승	공경할 지	겁 겁	어조사 어	불탈 연	등불 등	부처님 불	앞 전
里 12획	阝 8획	亻 14획	示 10획	力 7획	方 8획	火 16획	火 16획	亻 7획	刀(刂) 9획
量	阿	僧	祇	劫	於	燃	燈	佛	前
量	阿	僧	祇	劫	於	燃	燈	佛	前
量	阿	僧	祇	劫	於	燃	燈	佛	前

[해석]

▶ 於然燈佛前 得値八百四千萬億 那由他諸佛(어연등불전 득치팔백사천만억 나유타제불)

: 연등불을 뵙기 전에도 팔백사천만억 나유타의 여러 부처님을 만나서.

得	値	八	百	四	千	萬	億	那	由
얻을 득	만날 치	여덟 팔	일백 백	넉 사	일천 천	일만 만	억 억	어찌 나	까닭 유
彳 11획	亻 10획	八 2획	白 7획	口 5획	十 3획	++ 13획	亻 15획	阝 7획	田 5획
得	値	八	百	四	千	萬	億	那	由
得	値	八	百	四	千	萬	億	那	由
得	値	八	百	四	千	萬	億	那	由

[해석]

▶ **悉皆供養承事 無空過者**(실개공양승사 무공과자) : 모두 다 공양하고 받들어 섬겼으되 헛되이 지냄이 없었느니라.

他	諸	佛	悉	皆	供	養	承	事	無
다를 타	모든 제	부처님 불	다 실	다 개	받들 공	봉양할 양	받들 승	섬길 사	없을 무
亻 5획	言 16획	亻 7획	心 11획	白 9획	亻 8획	食 15획	手 8획	亅 8획	火(灬) 12획
他	諸	佛	悉	皆	供	養	承	事	無
他	諸	佛	悉	皆	供	養	承	事	無
他	諸	佛	悉	皆	供	養	承	事	無

[해설]

☞ 부처님께서는 아주 오랜 세월 전에도 많은 부처님을 만나서 부처님마다 예불 공양을 올리고 받들어 모시고 섬기면서 많은 공덕을 쌓으면서 조금도 헛됨이 없이 지내셨다. 하지만 이 대목은 금강경을 읽고 외우고 지니고 다른 사람을 위해서 설해 주는 공덕을 비유하고자 지난 세월 쌓은 공덕과 비교를 한 내용이다.

空	過	者	若	復	有	人	於	後	末
빌 공	지낼 과	놈 자	만약 약	다시 부	있을 유	사람 인	어조사 어	뒤 후	끝 말
穴 8획	辶 13획	老 9획	艸(++) 9획	彳 12획	月 6획	人 2획	方 8획	彳 9획	木 5획
空	過	者	若	復	有	人	於	後	末
空	過	者	若	復	有	人	於	後	末
空	過	者	若	復	有	人	於	後	末

[해석]

▶ 若復有人(약부유인) : 만약 또 어떤 사람이.

世	能	受	持	讀	誦	此	經	所	得
인간 세	능할 능	받을 수	가질 지	읽을 독	외울 송	이 차	경서 경	바 소	얻을 득
一 5획	肉(月) 10획	又 8획	手 9획	言 22획	言 14획	止 6획	糸 13획	戶 8획	彳 11획
世	能	受	持	讀	誦	此	經	所	得
世	能	受	持	讀	誦	此	經	所	得
世	能	受	持	讀	誦	此	經	所	得

[해석]

▶ 於後末世 能受持讀誦此經(어후말세 능수지독송차경) : 앞으로 오는 말세에 능히 이 경을 받아 지니고 읽고 외워서.

功	德	於	我	所	供	養	諸	佛	功
공 공	큰 덕	어조사 어	나 아	바 소	받들 공	받들 양	모든 제	부처님 불	공 공
力 5획	彳 15획	方 8획	戈 7획	戶 8획	亻 8획	食 15획	言 16획	亻 7획	力 5획
功	德	於	我	所	供	養	諸	佛	功
功	德	於	我	所	供	養	諸	佛	功
功	德	於	我	所	供	養	諸	佛	功

[해석]

▶ 所得功德 於我所供養諸佛功德 百分 不及一(소득공덕 어아소공양제불공덕 백분 불급일)
: 그 얻는 공덕은 내가 여러 부처님께 공양한 공덕으로는 백분의 일에도 미치지 못하며.

德	百	分	不	及	一	千	萬	億	分
큰 덕	일백 백	나눌 분	아닐 불	미칠 급	한 일	일천 천	일만 만	억 억	나눌 분
彳 15획	白 6획	刀 4획	一 4획	又 4획	一 1획	十 3획	艸(++) 12획	亻 15획	刀 4획
德	百	分	不	及	一	千	萬	億	分
德	百	分	不	及	一	千	萬	億	分
德	百	分	不	及	一	千	萬	億	分

[해석]

▶ **千萬億分乃至算數比喩 所不能及**(천만억분내지산수비유 소불능급) : 천만억분과 내지 산수와 비유로도 미칠 수 없느니라.

乃	至	算	數	譬	喩	所	不	能	及
이에 내	이를 지	셈놓을 산	셀 수	비유할 비	비유할 유	바 소	아닐 불	능할 능	미칠 급
ノ 2획	至 6획	竹 14획	攵(攴) 15획	言 20획	口 12획	戶 8획	一 4획	肉(月) 10획	又 4획
乃	至	算	數	譬	喩	所	不	能	及
乃	至	算	數	譬	喩	所	不	能	及
乃	至	算	數	譬	喩	所	不	能	及

[해설]

☞ 물질적인 보시는 한계가 있지만 금강경을 읽고 외우고 설해 주는 공덕은 한량이 없다.

須	菩	提	若	善	男	子	善	女	人
모름지기 수	보살 보	보리 리	만약 약	착할 선	사내 남	아들 자	착할 선	계집 녀	사람 인
頁 12획	艸(++) 12획	扌 12획	艸(++) 9획	口 12획	田 7획	子 3획	口 12획	女 3획	人 2획
須	菩	提	若	善	男	子	善	女	人
須	菩	提	若	善	男	子	善	女	人
須	菩	提	若	善	男	子	善	女	人

[해석]

▶ 須菩提 若善男子善女人(수보리 약선남자선여인) : 수보리야. 만약 선남자 선여인이.

於	後	末	世	有	受	持	讀	誦	此
어조사 어	뒤 후	끝 말	인간 세	있을 유	받을 수	가질 수	읽을 독	외울 송	이 차
方 8획	彳 9획	木 5획	一 5획	月 6획	又 6획	手(扌) 9획	言 22획	言 14획	止 6획
於	後	末	世	有	受	持	讀	誦	此
於	後	末	世	有	受	持	讀	誦	此
於	後	末	世	有	受	持	讀	誦	此

[해석]

▶ 於後末世 有受持讀誦此經 所得功德 我若具說者(어후말세 유수지독송차경 소득공덕 아약구설자) : 앞으로 오는 말세에 이 경을 받아 지니며 읽고 외워서 얻는 공덕을 내가 다 갖추어 말한다면.

經	所	得	功	德	我	若	具	說	者
경서 경	바 소	얻을 득	공 공	은혜 덕	나 아	만약 약	갖출 구	말씀 설	놈 자
糸 13획	戶 8획	彳 11획	力 5획	彳 15획	戈 7획	艸(++) 9획	八 8획	言 14획	老 9획
經	所	得	功	德	我	若	具	說	者
經	所	得	功	德	我	若	具	說	者
經	所	得	功	德	我	若	具	說	者

[해석]

▶ **或有人 聞 心卽狂亂 狐疑不信**(혹유인 문 심즉광난 호의불신) : 혹 어떤 사람은 듣고 마음이 몹시 산란하여 여우같이 의심하고 믿지 않으리라.

或	有	人	聞	心	卽	狂	亂	狐	疑
혹 혹	있을 우	사람 인	들을 문	마음 심	곧 즉	미칠 광	어지러울 란	의심할 호	의심할 의
戈 8획	月 6획	人 2획	耳 14획	心 4획	卩 9획	犭 7획	乙 13획	犭 8획	疋 14획
或	有	人	聞	心	卽	狂	亂	狐	疑
或	有	人	聞	心	卽	狂	亂	狐	疑
或	有	人	聞	心	卽	狂	亂	狐	疑

☞ 금강경의 공덕은 말로 다 설명할 수가 없는 것이다. 금강경은 속박과 얽힘이 없는 해탈 열반을 성취할 수 있도록 반야의 지혜를 밝혀 주는 경전이다.

不	信	須	菩	提	當	知	是	經	義
아닐 불	믿을 신	모름지기 수	보살 보	보리 리	마땅 당	알 지	이 시	경서 경	뜻 의
一 4획	亻 9획	頁 12획	艸(++) 12획	扌 12획	田 13획	日 9획	日 9획	糸 13획	羊 13획
不	信	須	菩	提	當	知	是	經	義
不	信	須	菩	提	當	知	是	經	義
不	信	須	菩	提	當	知	是	經	義

[해석]

▶ 須菩提 當知 是經義 不可思議 果報 亦不可思議(수보리 당지 시경의 불가사의 과보 역불가사의) : 수보리야. 마땅히 알아라. 이 경의 뜻은 가히 생각할 수 없으며 과보 또한 생각할 수 없느니라.

不	可	思	議	果	報	亦	不	可	思
아닐 불	가히 가	생각 사	의논할 의	맺힐 과	갚을 보	또 역	아닐 불	옳을 가	생각 사
一 4획	口 5획	心 9획	言 20획	木 8획	土 12획	亠 6획	一 4획	口 5획	心 9획
不	可	思	議	果	報	亦	不	可	思
不	可	思	議	果	報	亦	不	可	思
不	可	思	議	果	報	亦	不	可	思

[해설]

☞ 금강경의 공덕은 말로써 다 헤아리기 어려운 것이며, 이 세상의 무엇과도 바꿀 수 없는 소중한 진리이다.

議	究	竟	無	我	分	第	十	七	爾
의논할 의	마칠 구	마칠 경	없을 무	나 아	나눌 분	차례 제	열 십	일곱 칠	그 이
言 20획	穴 7획	立 11획	火(灬) 12획	戈 7획	刀 4획	竹 11획	十 2획	一 2획	爻 14획
議	究	竟	無	我	分	第	十	七	爾
議	究	竟	無	我	分	第	十	七	爾
議	究	竟	無	我	分	第	十	七	爾

第十七 究竟無我分(제17 구경무아분) : 끝까지 我(나)가 없음.

時	須	菩	提	白	佛	言	世	尊	善
때 시	모름지기 수	보살 보	보리 리	아뢸 백	부처님 불	말씀 언	인간 세	높을 존	착할 선
日 10획	頁 12획	艸(++) 12획	扌 12획	白 5획	亻 7획	言 7획	一 5획	寸 12획	口 12획
時	須	菩	提	白	佛	言	世	尊	善
時	須	菩	提	白	佛	言	世	尊	善
時	須	菩	提	白	佛	言	世	尊	善

[해석]

▶ **爾時 須菩提 百佛言 世尊 善男子善女人 發阿耨多羅三藐三菩提心 云何應住 云何降伏其心**(이시 수보리 백불언 세존 선남자선여인 발아뇩다라삼먁삼보리심 운하응주 운하 항복기심) : 그때 수보리가 부처님께 아뢰었습니다.“세존이시여, 선남자 선여인이 부처님이 되고자 하는 마음(아뇩다라삼먁삼보리심)을 내었으니 어떻게 마땅히 머물며 어떻게 그 마음을 항복받습니까,”

男	子	善	女	人	發	阿	耨	多	羅
사내 남	아들 자	착할 선	계집 녀	사람 인	일으킬 발	언덕 아	아뇩다라 뇩	많을 다	벌릴 라
田 7획	子 3획	口 12획	女 3획	人 2획	癶 12획	阝 8획	耒 16획	夕 6획	罒 19획
男	子	善	女	人	發	阿	耨	多	羅
男	子	善	女	人	發	阿	耨	多	羅
男	子	善	女	人	發	阿	耨	多	羅

[해설]

☞ 無我(무아)란 말은 나를 나타내거나 내세우지 않는 일여의 경계를 말한다.

三	藐	三	菩	提	心	云	何	應	住
석 삼	삼먁 먁	석 삼	보살 보	보리 리	마음 심	이를 운	어찌 하	응당 응	머무를 주
一 3획	艸(艹) 18획	一 3획	艸(艹) 12획	扌 12획	心 4획	二 4획	亻 7획	心 17획	亻 7획
三	藐	三	菩	提	心	云	何	應	住
三	藐	三	菩	提	心	云	何	應	住
三	藐	三	菩	提	心	云	何	應	住

☞ 수보리는 거듭 부처님께 질문하고 있다. 깨달음을 향해 가는 사람은 어떤 마음가짐으로 어떻게 행동해야 하는가를 여쭙고 있는 것이다.

云	何	降	伏	其	心	佛	告	須	菩
이를 운	어찌 하	항복할 항	엎드릴 복	그 기	마음 심	부처님 불	알릴 고	모름지기 수	보살 보
二 4획	亻 7획	阝 9획	亻 6획	八 8획	心 4획	亻 7획	口 7획	頁 12획	艸(++) 12획
云	何	降	伏	其	心	佛	告	須	菩
云	何	降	伏	其	心	佛	告	須	菩
云	何	降	伏	其	心	佛	告	須	菩

[해석]

▶ **佛告須菩提**(불고수보리) : 부처님께서 수보리에게 말씀하셨다.

提	若	善	男	子	善	女	人	發	阿
보리 리	만약 약	착할 선	사내 남	아들 자	착할 선	계집 녀	사람 인	일으킬 발	언덕 아
扌 12획	艸(艹) 9획	口 12획	田 7획	子 3획	口 12획	女 3획	人 2획	癶 12획	阝 8획
提	若	善	男	子	善	女	人	發	阿
提	若	善	男	子	善	女	人	發	阿
提	若	善	男	子	善	女	人	發	阿

[해석]

▶ 若善男子善女人 發阿耨多羅三藐三菩提心者 當生如是心(약선남자선여인 발아뇩다라삼먁삼보리심자 당생여시심) : 만약 선남자 선여인이 부처님이 되고자 하는 마음(아뇩다라삼먁삼보리심)을 내었으면 마땅히 이와 같은 마음을 낼지니,

耨	多	羅	三	藐	三	菩	提	心	者
아뇩다라 뇩	많을 다	벌릴 라	석 삼	삼먁 먁	석 삼	보살 보	보리 리	마음 심	놈 자
耒 16획	夕 6획	罒 19획	一 3획	艸(++) 18획	一 3획	艸(++) 12획	扌 12획	心 4획	老 9획
耨	多	羅	三	藐	三	菩	提	心	者
耨	多	羅	三	藐	三	菩	提	心	者
耨	多	羅	三	藐	三	菩	提	心	者

[해석]

▶ **我應滅度一切衆生 滅度一切衆生已 而無有一衆生 實滅度者**(아응멸도일체중생 멸도일체중생이 이무유일중생 실멸도자) : 내가 응당 일체 중생을 멸도하리라 하고 일체 중생을 멸도하고 나서는 한 중생도 실로 멸도함이 없다고 해야 한다.

當	生	如	是	心	我	應	滅	度	一
마땅할 당	날 생	같을 여	이 시	마음 심	나 아	응할 응	멸할 멸	건넬 도	한 일
田 13획	生 5획	女 6획	日 9획	心 4획	戈 7획	心 17획	氵 13획	广 9획	一 1획
當	生	如	是	心	我	應	滅	度	一
當	生	如	是	心	我	應	滅	度	一
當	生	如	是	心	我	應	滅	度	一

[해설]

☞ 일체 相(상)이 떨어지면 본래 청정한 佛性(불성)의 자리에 머물러야 한다는 것이다.

切	衆	生	滅	度	一	切	衆	生	已
온통 체	무리 중	날 생	멸할 멸	건넬 도	한 일	온통 체	무리 중	날 생	마칠 이
刀 4획	血 12획	生 5획	氵 13획	广 9획	一 1획	刀 4획	血 12획	生 5획	已 3획
切	衆	生	滅	度	一	切	衆	生	已
切	衆	生	滅	度	一	切	衆	生	已
切	衆	生	滅	度	一	切	衆	生	已

☞ 청정한 자리는 差別(차별) 관념이 없기 때문에 작은 상도 용납하지 않는다. 부처님의 입장에서 보면 일체 중생이 본래 부처님이고 본래가 성불이기 때문에, 일체 중생을 제도했다고 하지만 실제는 제도함이 없다는 것이다.

而	無	有	一	衆	生	實	滅	度	者
말이을 이	없을 무	있을 유	한 일	무리 중	날 생	실상 실	멸할 멸	건넬 도	사람 자
而 6획	火(灬) 12획	月 6획	一 1획	血 12획	生 5획	宀 14획	氵 13획	广 9획	老 9획
而	無	有	一	衆	生	實	滅	度	者
而	無	有	一	衆	生	實	滅	度	者
而	無	有	一	衆	生	實	滅	度	者

욕망 욕심
생각이 만든 구름
생각이 그리고
그려진 그림자에 속는다
마음 바탕에 비친
그림자인 줄 알면
마음은 늘
평안한 것을...

何	以	故	須	菩	提	若	菩	薩	有
어찌 하	써 이	까닭 고	모름지기 수	보살 보	보리 리	만약 약	보살 보	보살 살	있을 유
亻 7획	人 5획	攴(攵) 9획	頁 12획	艸(艹) 12획	扌 12획	艸(艹) 9획	艸(艹) 12획	艸(艹) 18획	月 6획
何	以	故	須	菩	提	若	菩	薩	有
何	以	故	須	菩	提	若	菩	薩	有
何	以	故	須	菩	提	若	菩	薩	有

[해석]

▶ 何以故 須菩提 若菩薩 有我相人相衆生相壽者相 卽非菩薩(하이고 수보리 약보살 유아상인상중생상수자상 즉비보살) : 무슨 까닭인가, 수보리야. 만약 보살이 아상, 인상, 중생상, 수자상이 있으면 곧 보살이 아니기 때문이니라.

我	相	人	相	衆	生	相	壽	者	相
나 아	서로 상	사람 인	서로 상	무리 중	날 생	서로 상	목숨 수	놈 자	서로 상
戈 7획	目 9획	人 2획	目 9획	血 12획	生 5획	目 9획	士 14획	老 9획	目 9획
我	相	人	相	衆	生	相	壽	者	相
我	相	人	相	衆	生	相	壽	者	相
我	相	人	相	衆	生	相	壽	者	相

[해설]

☞ 부처님은 거듭 상에서 벗어나야 한다고 강조하고 있다. 보살이 상에 머물러 있으면 보살이 될 수 없다.

卽	非	菩	薩	所	以	者	何	須	菩
곧 즉	아닐 비	보살 보	보살 살	바 소	써 이	놈 자	어찌 하	모름지기 수	보살 보
卩 9획	非 8획	艸(++) 12획	艸(++) 18획	戶 8획	人 8획	老 9획	亻 7획	頁 12획	艸(++) 12획
卽	非	菩	薩	所	以	者	何	須	菩
卽	非	菩	薩	所	以	者	何	須	菩
卽	非	菩	薩	所	以	者	何	須	菩

[해석]

▶ **所以者何 須菩提 實無有法 發阿耨多羅三藐三菩提心者**(소이자하 수보리 실무유법 발아뇩다라삼먁삼보리심자) : 무슨 까닭인가 하면, 수보리야. 실로 법이 있어서 부처님이 되고자 하는 마음(아뇩다라삼먁삼보리심)을 내었던 것이 아니기 때문이니라.

提	實	無	有	法	發	阿	耨	多	羅
보리 리	실제 실	없을 무	있을 유	법 법	일으킬 발	언덕 아	아뇩다라 뇩	많을 다	벌릴 라
扌 12획	宀 14획	火(灬) 12획	月 6획	水(氵) 8획	癶 12획	阝 8획	耒 16획	夕 6획	罒 19획
提	實	無	有	法	發	阿	耨	多	羅
提	實	無	有	法	發	阿	耨	多	羅
提	實	無	有	法	發	阿	耨	多	羅

[해설]

☞ 깨달음의 세계는 실로 어떤 고정된 법이 있는 것이 아니다. 만약 고정된 실체가 있다면 그것은 진리가 아닌 것이다.

三	藐	三	菩	提	心	者	須	菩	提
석 삼	삼먁 먁	석 삼	보살 보	보리 리	마음 심	놈 자	모름지기 수	보살 보	보리 리
一 3획	艸(艹) 18획	一 3획	艸(艹) 12획	扌 12획	心 4획	老 9획	頁 12획	艸(艹) 12획	扌 12획
三	藐	三	菩	提	心	者	須	菩	提
三	藐	三	菩	提	心	者	須	菩	提
三	藐	三	菩	提	心	者	須	菩	提

[해석]

▶ 須菩提 於意云何(수보리 어의운하) : 수보리야, 어떻게 생각하느냐.

於	意	云	何	如	來	於	然	燈	佛
어조사 **어**	뜻 **의**	이를 **운**	어찌 **하**	같을 **여**	올 **래**	어조사 **어**	불탈 **연**	등불 **등**	부처님 **불**
方 8획	心 13획	二 4획	亻 7획	女 6획	人 8획	方 8획	火 12획	火 16획	亻 7획
於	意	云	何	如	來	於	然	燈	佛
於	意	云	何	如	來	於	然	燈	佛
於	意	云	何	如	來	於	然	燈	佛

[해석]

▶ 如來 於然燈佛所 有法得阿耨多羅三藐三菩提不(여래 어연등불소 유법득아뇩다라삼먁삼보리부) : 여래가 연등불 처소에 계실 때 법이 있어 위 없는 바른 깨달음(아뇩다라삼먁삼보리)을 얻었느냐.

所	有	法	得	阿	耨	多	羅	三	藐
바 소	있을 유	법 법	얻을 득	언덕 아	아뇩다라 뇩	많을 다	벌릴 라	석 삼	삼먁 먁
戶 8획	月 6획	水(氵) 8획	彳 11획	阝 8획	耒 16획	夕 6획	罒 19획	一 3획	艸(艹) 18획
所	有	法	得	阿	耨	多	羅	三	藐
所	有	法	得	阿	耨	多	羅	三	藐
所	有	法	得	阿	耨	多	羅	三	藐

[해석]

▶ 不也 世尊(불야 세존) : 아닙니다, 세존이시여.

三	菩	提	不	不	也	世	尊	如	我
석 **삼**	보살 **보**	보리 **리**	아닐 **부**	아닐 **불**	어조사 **야**	인간 **세**	높을 **존**	같을 **여**	나 **아**
一 3획	艸(++) 12획	扌 12획	一 4획	一 4획	乙 3획	一 5획	寸 12획	女 6획	戈 7획
三	菩	提	不	不	也	世	尊	如	我
三	菩	提	不	不	也	世	尊	如	我
三	菩	提	不	不	也	世	尊	如	我

[해석]

▶ 如我解佛所說義 佛 於然登佛所 無有法 得阿耨多羅三藐三菩提(여아해불소설의 불어연등불소 무유법 득아뇩다리삼막삼보리) : 제가 부처님께서 설하신 뜻을 이해하기에는 부처님께서 연등불처소에 계실 때 법이 있어 위 없는 바른 깨달음(아뇩다라삼먁삼보리)을 얻은 것이 아닙니다.

解	佛	所	說	義	佛	於	然	燈	佛
깨칠 해	부처님 불	바 소	말씀 설	뜻 의	부처님 불	어조사 어	태울 연	등불 등	부처님 불
角 13획	亻 7획	戶 8획	言 14획	羊 13획	亻 7획	方 8획	火 12획	火 16획	亻 7획
解	佛	所	說	義	佛	於	然	燈	佛
解	佛	所	說	義	佛	於	然	燈	佛
解	佛	所	說	義	佛	於	然	燈	佛

[해설]

☞ 부처님께서 깨달음을 얻으신 것은 변함없는 사실이다.

所	無	有	法	得	阿	耨	多	羅	三
바 소	없을 무	있을 유	법 법	얻을 득	언덕 아	아뇩다라 뇩	많을 다	벌릴 라	석 삼
戶 8획	火(灬) 12획	月 6획	水(氵) 8획	彳 11획	阝 8획	耒 16획	夕 6획	罒 19획	一 3획
所	無	有	法	得	阿	耨	多	羅	三
所	無	有	法	得	阿	耨	多	羅	三
所	無	有	法	得	阿	耨	多	羅	三

☞ 그런데 깨달음이란 어떤 결정된 실체가 있는 것이 아니다. 연등불로부터 미래에 부처님이 될 것이라는 확고한 예언을 받은 것 외에 다른 어떤 것도 얻으신 것이 없다. 깨달음이란 얻는 것이 없는 진여자성을 스스로 확인하는 것이다. 누구에게나 다 갖고 있는 여여한 마음 자리를 확인하는 것이다.

藐	三	菩	提	佛	言	如	是	如	是
삼먁 먁	석 삼	보살 보	보리 리	부처님 불	말씀 언	같을 여	이 시	같을 여	이 시
艸(艹) 18획	一 3획	艸(艹) 12획	扌 12획	亻 7획	言 7획	女 6획	日 9획	女 6획	日 9획
藐	三	菩	提	佛	言	如	是	如	是
藐	三	菩	提	佛	言	如	是	如	是
藐	三	菩	提	佛	言	如	是	如	是

[해석]

▶ 佛言 如是如是 須菩提 實無有法 如來得阿耨多羅三藐三菩提(불언 여시여시 수보리 실무유법 여래득아뇩다라삼먁삼보리) : 부처님께서 말씀하셨다. "그렇다, 그렇다. 수보리야, 실로 법이 있어서 여래가 위 없는 바른 깨달음(아뇩다라삼먁삼보리)을 얻음이 아니니라."

須	菩	提	實	無	有	法	如	來	得
모름지기 수	보살 보	보리 리	실상 실	없을 무	있을 유	법 법	같을 여	올 래	얻을 득
頁 12획	艸(艹) 12획	扌 12획	宀 14획	火(灬) 12획	月 6획	水(氵) 8획	女 6획	人 8획	彳 11획
須	菩	提	實	無	有	法	如	來	得
須	菩	提	實	無	有	法	如	來	得
須	菩	提	實	無	有	法	如	來	得

[해설]

☞ 부처님께서도 깨달았다는 생각을 가지고 계신다면 이미 상에 머무르기 때문에 그 어떤 상도 벗어 버려야 된다는 것이다.

阿	耨	多	羅	三	藐	三	菩	提	須
언덕 **아**	아뇩다라 **뇩**	많을 **다**	벌릴 **라**	석 **삼**	삼먁 **먁**	석 **삼**	보살 **보**	보리 **리**	모름지기 **수**
阝 8획	耒 16획	夕 6획	罒 19획	一 3획	艸(++) 18획	一 3획	艸(++) 12획	扌 12획	頁 12획
阿	耨	多	羅	三	藐	三	菩	提	須
阿	耨	多	羅	三	藐	三	菩	提	須
阿	耨	多	羅	三	藐	三	菩	提	須

[해석]

▶ 須菩提 若有法 如來得阿耨多羅三藐三菩提者(수보리 약유법 여래득아뇩다라삼먁삼보리자) : 수보리야. 만약 법이 있어서 여래가 위 없는 바른 깨달음(아뇩다라삼먁삼보리)을 얻었다면.

菩	提	若	有	法	如	來	得	阿	耨
보살 보	보리 리	만약 약	있을 유	법 법	갈을 여	올 래	얻을 득	언덕 아	아뇩다라 뇩
艸(++) 12획	扌 12획	艸(++) 9획	月 6획	水(氵) 8획	女 6획	人 8획	彳 11획	阝 8획	耒 16획
菩	提	若	有	法	如	來	得	阿	耨
菩	提	若	有	法	如	來	得	阿	耨
菩	提	若	有	法	如	來	得	阿	耨

[해석]

▶ 燃燈佛 卽不與我授記(연등불 즉불여아수기) : 연등불께서 곧 나에게 수기를 주면시.

多	羅	三	藐	三	菩	提	者	燃	燈
많을 **다**	벌릴 **라**	석 **삼**	삼먁 **먁**	석 **삼**	보살 **보**	보리 **리**	놈 **자**	태울 **연**	등불 **등**
夕 6획	罒 19획	一 3획	艸(++) 18획	一 3획	艸(++) 12획	扌 12획	老 9획	火 16획	火 16획
多	羅	三	藐	三	菩	提	者	燃	燈
多	羅	三	藐	三	菩	提	者	燃	燈
多	羅	三	藐	三	菩	提	者	燃	燈

[해석]

▶ **汝於來世 當得作佛 號釋迦牟尼**(여어내세 당득작불 호석가모니) :"너는 내세에 마땅히 부처를 이루리니 석가모니라 불릴 것이니라"예언하시지 않았을 것이니라.

佛	卽	不	與	我	授	記	汝	於	來
부처님 불	곧 즉	아닐 불	줄 여	나 아	줄 수	기록할 기	너 여	어조사 어	올 래(내)
亻 7획	卩 9획	一 4획	臼 13획	戈 7획	扌 11획	言 10획	水(氵) 6획	方 8획	人 8획
佛	卽	不	與	我	授	記	汝	於	來
佛	卽	不	與	我	授	記	汝	於	來
佛	卽	不	與	我	授	記	汝	於	來

[해설]

☞ 부처님께서 수보리에게 깨달음은 어떤 모양이나 실체가 없음인 것을 거듭 일깨워 주고 있다.

世	當	得	作	佛	號	釋	迦	牟	尼
인간 세	마땅할 당	얻을 득	지을 작	부처님 불	이름 호	부처칭호 석	부처이름 가	보리 모	화할 니
一 5획	田 13획	彳 11획	亻 7획	亻 7획	虍 13획	釆 20획	辶 9획	牛 6획	尸 5획
世	當	得	作	佛	號	釋	迦	牟	尼
世	當	得	作	佛	號	釋	迦	牟	尼
世	當	得	作	佛	號	釋	迦	牟	尼

본래 텅빈 고요한 마음
얻고 잃을 것이 본래 없네.

以	實	無	有	法	得	阿	耨	多	羅
써 이	실제 실	없을 무	있을 유	법 법	얻을 득	언덕 아	아뇩다라 뇩	많을 다	벌릴 라
人 8획	宀 14획	火(灬) 12획	月 6획	水(氵) 8획	彳 11획	阝 8획	耒 16획	夕 6획	罒 19획
以	實	無	有	法	得	阿	耨	多	羅
以	實	無	有	法	得	阿	耨	多	羅
以	實	無	有	法	得	阿	耨	多	羅

[해석]

▶ **以實無有法 得阿耨多羅三藐三菩提 是故 然燈佛 與我授記 作是言 汝於來世**(이실무유법 득아뇩다라삼먁삼보리 시고 연등불 여아수기 작시언 여이내세) : 실로 법이 있어서 위 없는 바른 깨달음(아뇩다라삼먁삼보리)을 얻은 것이 아니므로 연등불이 나에게 수기를 주시면서 말씀하시기를.

三	藐	三	菩	提	是	故	燃	燈	佛
석 삼	삼먁 먁	석 삼	보살 보	보리 리	이 시	까닭 고	태울 연	등불 등	부처님 불
一 3획	艸(++) 18획	一 3획	艸(++) 12획	扌 12획	日 9획	攴(攵) 9획	火 16획	火 16획	亻 7획
三	藐	三	菩	提	是	故	燃	燈	佛
三	藐	三	菩	提	是	故	燃	燈	佛
三	藐	三	菩	提	是	故	燃	燈	佛

[해석]

▶ **當得作佛 號 釋迦牟尼**(당득작불 호 석가모니) :"너는 마땅히 부처를 이루니 석가모니라 부르게 될 것이다" 고하셨느니라.

與	我	授	記	作	是	言	汝	於	來
줄 여	나 아	줄 수	기록할 기	지을 작	이 시	말씀 언	너 여	어조사 어	올 래
臼 13획	戈 7획	扌 11획	言 10획	亻 7획	日 9획	言 7획	水(氵) 6획	方 8획	人 8획
與	我	授	記	作	是	言	汝	於	來
與	我	授	記	作	是	言	汝	於	來
與	我	授	記	作	是	言	汝	於	來

[해설]

☞ 授記(수기) : 부처님께서 미리"너는 무엇이 될 것이다"하고 예언을 하는 것을 말한다.

世	當	得	作	佛	號	釋	迦	牟	尼
인간 세	마땅할 당	얻을 득	지을 작	부처님 불	이름 호	부처칭호 석	부처이름 가	보리 모	화할 니
一 5획	田 13획	彳 11획	亻 7획	亻 7획	虍 13획	釆 20획	辶 9획	牛 6획	尸 5획
世	當	得	作	佛	號	釋	迦	牟	尼
世	當	得	作	佛	號	釋	迦	牟	尼
世	當	得	作	佛	號	釋	迦	牟	尼

☞ 夢佛授記(몽불수기) : 꿈속에서 부처님에게“너는 미래에 부처님이 될 것이다”라는 수기를 받는 것을 말한다.

何	以	故	如	來	者	卽	諸	法	如
어찌 하	써 이	까닭 고	같을 여	올 래	놈 자	곧 즉	모든 제	법 법	같을 여
亻 7획	人 8획	支(攵) 9획	女 6획	人 8획	老 9획	卩 9획	言 16획	水(氵) 8획	女 6획
何	以	故	如	來	者	卽	諸	法	如
何	以	故	如	來	者	卽	諸	法	如
何	以	故	如	來	者	卽	諸	法	如

[해석]

▶ 何以故 如來者 卽諸法 如義(하이고 여래자 즉제법 여의). 무슨 까닭인가 하면, 여래라 함은 곧 모든 법이 여여하다는 뜻이니라.

[해설]

☞ 如義(여의) : 如如(여여)하다는 뜻이다.

義	若	有	人	言	如	來	得	阿	耨
옳을 의	만약 약	있을 유	사람 인	말씀 언	같을 여	올 래	얻을 득	언덕 아	아뇩다라 뇩
羊 13획	艸(++) 9획	月 6획	人 2획	言 7획	女 6획	人 8획	彳 11획	阝 8획	耒 16획
義	若	有	人	言	如	來	得	阿	耨
義	若	有	人	言	如	來	得	阿	耨
義	若	有	人	言	如	來	得	阿	耨

[해석]

▶ **若有人 言如來 得阿耨多羅三藐三菩提 須菩提**(약유인 언여래 득아뇩다라삼먁삼보리 수보리) : 만약 어떤 사람이 말하길"여래가 위 없는 바른 깨달음(아뇩다라삼먁삼보리)을 얻었다"고 하면, 수보리야.

多	羅	三	藐	三	菩	提	須	菩	提
많을 다	벌릴 라	석 삼	삼먁 먁	석 삼	보살 보	보리 리	모름지기 수	보살 보	보리 리
夕 6획	罒 19획	一 3획	艸(++) 18획	一 3획	艸(++) 12획	扌 12획	頁 12획	艸(++) 12획	扌 12획
多	羅	三	藐	三	菩	提	須	菩	提
多	羅	三	藐	三	菩	提	須	菩	提
多	羅	三	藐	三	菩	提	須	菩	提

[해석]

▶ **實無有法 佛得阿耨多羅三藐三菩提**(실무유법 불득아뇩다라삼먁삼보리) : 실제 법이 있어서 부처님이 위 없는 바른 깨달음(아뇩다라삼먁삼보리)을 얻음이 아니니라.

實	無	有	法	佛	得	阿	耨	多	羅
실제 실	없을 무	있을 유	법 법	부처님 불	얻을 득	언덕 아	아뇩다라 뇩	많을 다	벌릴 라
宀 14획	火(灬) 12획	月 6획	水(氵) 8획	亻 7획	彳 11획	阝 8획	耒 16획	夕 6획	罒 19획
實	無	有	法	佛	得	阿	耨	多	羅
實	無	有	法	佛	得	阿	耨	多	羅
實	無	有	法	佛	得	阿	耨	多	羅

[해설]

☞ 부처님이 수보리와 대중들에게 거듭 이해를 시키고 있는 것이다. 아뇩다라삼먁삼보리는 부처님의 마음을 얻었다고 할 수 없다. 중생이 곧 부처님이기 때문이다. 우리 모두 부처님처럼 때 묻지 않는 연꽃 같은 여여한 마음을 본래 갖추고 있는 것이다.

三	藐	三	菩	提	須	菩	提	如	來
석 삼	삼먁 먁	석 삼	보살 보	보리 리	모름지기 수	보살 보	보리 리	같을 여	올 래
一 3획	艸(艹) 18획	一 3획	艸(艹) 12획	扌 12획	頁 12획	艸(艹) 12획	扌 12획	女 6획	人 8획
三	藐	三	菩	提	須	菩	提	如	來
三	藐	三	菩	提	須	菩	提	如	來
三	藐	三	菩	提	須	菩	提	如	來

[해석]

▶ 須菩提 如來所得阿耨多羅三藐三菩提 於是中 無實無虛(수보리 여래소득아뇩다라삼먁삼보리 어시중 무실무허) : 수보리야. 여래가 얻은 바 위 없는 바른 깨달음(아뇩다라삼먁삼보리)은 이 가운데에 실다움도 없고 헛됨도 없느니라.

所	得	阿	耨	多	羅	三	藐	三	菩
바 소	얻을 득	언덕 아	아뇩다라 뇩	많을 다	벌릴 라	석 삼	삼먁 먁	석 삼	보살 보
戶 8획	彳 11획	阝 8획	耒 16획	夕 6획	罒 19획	一 3획	艸(++) 18획	一 3획	艸(++) 12획
所	得	阿	耨	多	羅	三	藐	三	菩
所	得	阿	耨	多	羅	三	藐	三	菩
所	得	阿	耨	多	羅	三	藐	三	菩

[해석]

▶ **是故 如來說一切法 皆是佛法**(시고 여래설일체법 개시불법) : 그러므로 여래가 설하기를“일체법이 다 불법”이라고 하느니라.

提	於	是	中	無	實	無	虛	是	故
보리 리	어조사 어	이 시	가운데 중	없을 무	실제 실	없을 무	빌 허	이 시	연고 고
扌 12획	方 8획	日 9획	丨 4획	火(灬) 12획	宀 14획	火(灬) 12획	虍 11획	日 9획	攴(攵) 9획
提	於	是	中	無	實	無	虛	是	故
提	於	是	中	無	實	無	虛	是	故
提	於	是	中	無	實	無	虛	是	故

☞ 불법이란 특정한 장소나 환경에만 존재하는 것이 아니라 어떠한 곳 어떠한 환경 속에도 평등하게 존재한다.

如	來	說	一	切	法	皆	是	佛	法
같을 여	올 래	말씀 설	한 일	온통 체	법 법	다 개	이 시	부처님 불	법 법
女 6획	人 8획	言 14획	一 1획	刀 4획	水(氵) 8획	白 9획	日 9획	亻 7획	水(氵) 8획
如	來	說	一	切	法	皆	是	佛	法
如	來	說	一	切	法	皆	是	佛	法
如	來	說	一	切	法	皆	是	佛	法

바람이 부니 안개가 걷히고
맑은 하늘이 드러나네
새들은 예쁜 목소리로 지저귀고
맑은 물 속에
송사리떼 유유히 노닌다네

須	菩	提	所	言	一	切	法	者	卽
모름지기 수	보살 보	보리 리	바 소	말씀 언	한 일	온통 체	법 법	사람 자	곧 즉
頁 12획	艸(艹) 12획	扌 12획	戶 8획	言 7획	一 1획	刀 4획	水(氵) 8획	老 9획	卩 9획
須	菩	提	所	言	一	切	法	者	卽
須	菩	提	所	言	一	切	法	者	卽
須	菩	提	所	言	一	切	法	者	卽

[해석]

▶ 須菩提 所言一切法者 卽非一切法 是故 名一切法(수보리 소언일체법자 즉비일체법 시고 명일체법) : 수보리야. 말한 바 일체법이란 곧 일체법이 아니므로 일체법이라 하느니라.

非	一	切	法	是	故	名	一	切	法
아닐 비	한 일	온통 체	법 법	이 시	연고 고	이름 명	한 일	온통 체	법 법
非 8획	一 1획	刀 4획	水(氵) 8획	日 9획	攵 9획	口 6획	一 1획	刀 4획	水(氵) 8획
非	一	切	法	是	故	名	一	切	法
非	一	切	法	是	故	名	一	切	法
非	一	切	法	是	故	名	一	切	法

[해설]

☞ 일체법이란 진리의 총칭이다. 일체법은 그대로 진여법계인 것이다. 일체법은 어디로부터 온 것도 아니고 어디로 가는 것도 아니다. 변하지 않는 여여한 부처님 마음이며, 그대로가 부처님의 세계인 것이다.

須	菩	提	譬	如	人	身	長	大	須
모름지기 수	보살 보	보리 리	비유할 비	같을 여	사람 인	몸 신	길 장	큰 대	모름지기 수
頁 12획	艸(++) 12획	扌 12획	言 20획	女 6획	人 2획	身 7획	長 8획	大 3획	頁 12획
須	菩	提	譬	如	人	身	長	大	須
須	菩	提	譬	如	人	身	長	大	須
須	菩	提	譬	如	人	身	長	大	須

[해석]

▶ 須菩提 譬如人身長大(수보리 비여인신장대) : 수보리야. 비유하건대 사람의 몸이 장대함과 같으니라.

菩	提	言	世	尊	如	來	說	人	身
보살 보	보리 리	말씀 언	인간 세	높을 존	같을 여	올 래	말씀 설	사람 인	몸 신
艸(++) 12획	扌 12획	言 7획	一 5획	寸 12획	女 6획	人 8획	言 14획	人 2획	身 7획
菩	提	言	世	尊	如	來	說	人	身
菩	提	言	世	尊	如	來	說	人	身
菩	提	言	世	尊	如	來	說	人	身

[해석]

▶ **須菩提 言 世尊 如來說人身長大 卽爲非大身 是名大身**(수보리 언 세존 여래설인신장대 즉위비대신 시명대신) : 수보리가 말씀드렸습니다. "세존이시여. 여래께서 말씀하신 사람 몸이 장대함도 곧 큰 몸이 아니고 그 이름이 큰 몸입니다."

長	大	卽	爲	非	大	身	是	名	大
길 장	큰 대	곧 즉	할 위	아닐 비	큰 대	몸 신	이 시	이름 명	큰 대
長 8획	大 3획	卩 9획	爫 12획	非 8획	大 3획	身 7획	日 9획	口 6획	大 3획
長	大	卽	爲	非	大	身	是	名	大
長	大	卽	爲	非	大	身	是	名	大
長	大	卽	爲	非	大	身	是	名	大

[해설]

☞ 사람의 몸이 아무리 크다고 해도 물질의 화합에 불과한 것이다.

身	須	菩	提	菩	薩	亦	如	是	若
몸 신	모름지기 수	보살 보	보리 리	보살 보	보살 살	또 역	같을 여	이 시	만약 약
身 7획	頁 12획	艸(++) 12획	扌 12획	艸(++) 12획	艸(++) 18획	亠 6획	女 6획	日 9획	艸(++) 9획
身	須	菩	提	菩	薩	亦	如	是	若
身	須	菩	提	菩	薩	亦	如	是	若
身	須	菩	提	菩	薩	亦	如	是	若

[해석]

▶ **須菩提 菩薩 亦如是 若作是言 我當滅度無量衆生**(수보리 보살 역여시 약작시언 아당멸도무량중생) : 수보리야. 보살도 또한 이와 같아서 만약"내가 마땅히 한량 없는 중생을 제도하리라"라고 말한다면.

作	是	言	我	當	滅	度	無	量	衆
지을 작	이 시	말씀 언	나 아	마땅할 당	멸할 멸	건넬 도	없을 무	헤아릴 량	무리 중
亻 7획	日 9획	言 7획	戈 7획	田 13획	氵 13획	广 9획	火(灬) 12획	里 12획	血 12획
作	是	言	我	當	滅	度	無	量	衆
作	是	言	我	當	滅	度	無	量	衆
作	是	言	我	當	滅	度	無	量	衆

[해석]

▶ 卽不名菩薩 何以故 須菩提 實無有法名爲菩薩(즉불명보살 하이고 수보리 실무유법 명위보살) : 곧 보살이라 이름할 수 없느니라. 무슨 까닭인가, 수보리야. 실로 법이 있어서 보살이라 하지 않기 때문이다.

生	卽	不	名	菩	薩	何	以	故	須
날 생	곧 즉	아닐 부	이름 명	보살 보	보살 살	어찌 하	써 이	까닭 고	모름지기 수
生 5획	卩 9획	一 4획	口 6획	艸(艹) 12획	艸(艹) 18획	亻 7획	人 8획	攴(攵) 9획	頁 12획
生	卽	不	名	菩	薩	何	以	故	須
生	卽	不	名	菩	薩	何	以	故	須
生	卽	不	名	菩	薩	何	以	故	須

[해석]

▶ **是故 佛說一切法 無我無人無衆生無壽者**(시고 불설일체법 무아무인무중생무수자)

: 이런 까닭으로 부처님이 말씀하시기를"일체법이 나도 없고 남도 없고 중생도 없고 수자도 없다"하느니라.

菩	提	實	無	有	法	名	爲	菩	薩
보살 보	보리 리	실제 실	없을 무	있을 유	법 법	이름 명	할 위	보살 보	보살 살
艸(艹) 12획	扌 12획	宀 14획	火(灬) 12획	月 6획	水(氵) 8획	口 6획	爫 12획	艸(艹) 12획	艸(艹) 18획
菩	提	實	無	有	法	名	爲	菩	薩
菩	提	實	無	有	法	名	爲	菩	薩
菩	提	實	無	有	法	名	爲	菩	薩

[해설]

☞ 보살은 텅 비고 고요한 진여의 근본을 깨달으신 분이다. 나다, 남이다 하는 분별 망상에 이끌리지 않는 여여한 곳에 머문 바 없이 머문 분이다. 그러한 보살이 한량 없는 중생을 멸도했다고 한다면 유의법에 머문 바가 되는 것이다.

是	故	佛	說	一	切	法	無	我	無
이 시	까닭 고	부처님 불	말씀 설	한 일	온통 체	법 법	없을 무	나 아	없을 무
日 9획	攴 9획	亻 7획	言 14획	一 1획	刀 4획	水(氵) 8획	火(灬) 12획	戈 7획	火(灬) 12획
是	故	佛	說	一	切	法	無	我	無
是	故	佛	說	一	切	法	無	我	無
是	故	佛	說	一	切	法	無	我	無

바람이 분다
낙엽이 날리고
나무가 운다
나무는 고요하다
내 마음 속에서
나를 흔드는 것은
나 자신인 것이다

人	無	衆	生	無	壽	者	須	菩	提
사람 인	없을 무	무리 중	날 생	없을 무	목숨 수	놈 자	모름지기 수	보살 보	보리 리
人 2획	火(灬) 12획	血 12획	生 5획	火(灬) 12획	士 14획	老 9획	頁 12획	艸(++) 12획	扌 12획
人	無	衆	生	無	壽	者	須	菩	提
人	無	衆	生	無	壽	者	須	菩	提
人	無	衆	生	無	壽	者	須	菩	提

[해석]

▶ 須菩提 若菩薩(수보리 약보살) : 수보리야, 만약 보살이.

若	菩	薩	作	是	言	我	當	莊	嚴
만약 약	보살 보	보살 살	지을 작	이 시	말씀 언	나 아	마땅할 당	단정할 장	엄할 엄
艸(++) 9획	艸(++) 12획	艸(++) 18획	亻 7획	日 9획	言 7획	戈 7획	田 13획	艸(++) 11획	口 20획
若	菩	薩	作	是	言	我	當	莊	嚴
若	菩	薩	作	是	言	我	當	莊	嚴
若	菩	薩	作	是	言	我	當	莊	嚴

[해석]

▶ 作是言 我當莊嚴佛土 是不名菩薩 何以故(작시언 아당장엄불토 시불명보살 하이고) :'내가 마땅히 불국토를 장엄하였다'라고 한다면 이는 보살이 아니니라. 무슨 까닭인가?

佛	土	是	不	名	菩	薩	何	以	故
부처님 **불**	흙 **토**	이 **시**	아닐 **불**	이름 **명**	보살 **보**	보살 **살**	어찌 **하**	써 **이**	까닭 **고**
亻 7획	土 3획	日 9획	一 4획	口 6획	艸(++) 12획	艸(++) 18획	亻 7획	人 5획	攴(攵) 9획
佛	土	是	不	名	菩	薩	何	以	故
佛	土	是	不	名	菩	薩	何	以	故
佛	土	是	不	名	菩	薩	何	以	故

[해석]

▶ 如來說莊嚴佛土者 卽非莊嚴 是名莊嚴(여래설장엄불토자 즉비장엄 시명장엄) : 여래가 말씀한 불국토를 장엄한다는 것은 곧 장엄이 아니고 그 이름이 장엄이기 때문이니라.

如	來	說	莊	嚴	佛	土	者	卽	非
갈을 여	올 래	말씀 설	단정할 장	엄할 엄	부처님 불	흙 토	놈 자	곧 즉	아닐 비
女 6획	人 8획	言 14획	艸(艹) 11획	口 20획	亻 7획	土 3획	老 9획	卩 9획	非 8획

[해설]

☞ 불국토라는 것은 부처님의 세계를 말한다. 부처님의 세계는 맑고 고요하여 청정무구한 세계인 것이다.

莊	嚴	是	名	莊	嚴	須	菩	提	若
단정할 장	엄할 엄	이 시	이름 명	단정할 장	엄할 엄	모름지기 수	보살 보	보리 리	만약 약
艸(++) 11획	口 20획	日 9획	口 6획	艸(++) 11획	口 20획	頁 12획	艸(++) 12획	扌 12획	艸(++) 9획
莊	嚴	是	名	莊	嚴	須	菩	提	若
莊	嚴	是	名	莊	嚴	須	菩	提	若
莊	嚴	是	名	莊	嚴	須	菩	提	若

[해석]

▶ 須菩提 若菩薩 通達無我法者 如來 說名眞是菩薩(수보리 약보살 통달무아법자 여래 설명진시보살) : 수보리야. 만약 보살이 무아법을 통달한 자이면, 여래가 이를 참다운 보살이라 이름 하느니라.

菩	薩	通	達	無	我	法	者	如	來
보살 보	보살 살	통할 통	통달할 달	없을 무	나 아	법 법	놈 자	같을 여	올 래
艸(++) 12획	艸(++) 18획	辶 11획	辶 13획	火(灬) 12획	戈 7획	水(氵) 8획	老 9획	女 6획	人 8획
菩	薩	通	達	無	我	法	者	如	來
菩	薩	通	達	無	我	法	者	如	來
菩	薩	通	達	無	我	法	者	如	來

[해설]

☞ 깨달음을 얻은 사람은 깨달았다는 생각까지도 없는 것이다. 무아법이라는 것은'나'라는 생각이 없는 경지를 말하며,'나'를 초월한 진여의 세계는 차별 관념이 없는 세계이다.

說	名	眞	是	菩	薩	金	剛	經	中
말씀 설	이름 명	참 진	이 시	보살 보	보살 살	쇠 금	굳셀 강	경서 경	가운데 중
言 14획	口 6획	目 10획	日 9획	艸(++) 12획	艸(++) 18획	金 8획	刀(刂) 10획	糸 13획	丨 4획
說	名	眞	是	菩	薩	金	剛	經	中
說	名	眞	是	菩	薩	金	剛	經	中
說	名	眞	是	菩	薩	金	剛	經	中

금강의 여여한 지혜
자취도 흔적도 없네
아침부터 저녁까지
분주히 움직여도
본래 여여한
진여 마음은
움직인 바가 없다네.

금강경(中) 사경 및 해설(독경 MP 3 다운로드)

2007년 11월 10일 초판 인쇄
2010년 11월 20일 재판 발행

편저자 · 정여스님
편 집 · 여여선원포교연구실 ,이수안, 오세기
발행인 · 김상일
발행처 · 혜성출판사

디자인 · 홍경미
사 진 · 혜성PHOTO
인 쇄 · 대웅인쇄
출 력 · 다솔출력

주소 · 서울시 동대문구 신설동 114-91 삼우빌딩 A동 205호
전화 · 2233-4468
팩스 · 2253-6316
등록번호 · 제 5-597호

홈페이지 · www.hyesungbook.com
전자우편 · hyesungbook@hotmail.com
정가 · 5.500원

책의 파본은 교환해 드립니다.
더욱 더 맑고 향기로운 책을 만들기 위해서 노력하겠습니다.

* MP 3 다운로드방법: 혜성출판사 인터넷접속후 홈페이지에서 다운받으세요